はじめてでも かんたん！

大人のかぎ針編み

西東社

CONTENTS

CHAPTER-1. かぎ針編みを始める前に ……… 4
材料と用具 … 4
糸と針の使い方／ゲージについて … 6
記号図の見方 … 7

CHAPTER-2. まっすぐ編んでみましょう ……… 8

レッスン作品 ❶
ミニマフラー … 8・9　　**フリルマフラー** … 18　　**レーシー模様のショール** … 22・23

パイナップル編みのミニストール … 29　　**パプコーン編みのショール** … 32・33

CHAPTER-3. 輪に編んでみましょう ……… 38

レッスン作品 ❷
ハンドウォーマー … 38　　**帽子＆ネックウォーマー** … 44・45　　**レッスン作品 ❸ スヌード** … 49・50

CHAPTER-4. モチーフをつなげて編んでみましょう … 54

モチーフつなぎのマフラー … 54・55

モチーフつなぎのストール … 58・59

三角モチーフのショール … 62・63

CHAPTER-5. ゆったりシルエットのウエアを編んでみましょう … 66

ジレ … 66〜69

3Wayニット … 74〜77

スカート … 80・81

ベスト … 87

チュニック … 88・89

2Wayポンチョ … 96・97

カーディガン … 100・101

かぎ針編みの基礎 … 107

CHAPTER-1. かぎ針編みを始める前に

材料と用具

〈実物大〉

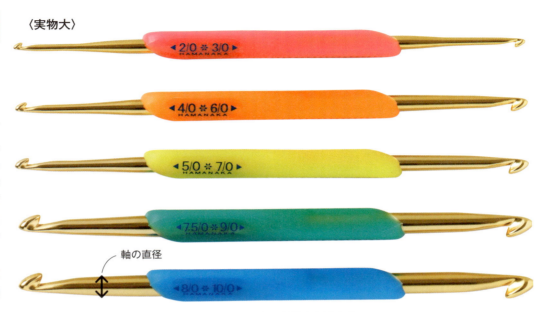

写真は両側が違うサイズのかぎ針ですが、片かぎ針もあります。

{ かぎ針 }

かぎ針の先端は糸がかけやすいように曲がっています。糸をかけて引き抜くことで編み目ができます。かぎ針は2/0号から数字が大きくなるほど太くなり、10/0号まであります。それ以上の太さはジャンボ針と呼ばれていて、7ミリ、8ミリ、10ミリなどがあります。針の太さは軸の直径で決まります。

{ とじ針 }

糸端の始末や編み地をとじ合わせるときに使います。縫い針よりも太く、針穴も大きいので太い糸も通しやすくなっています。先端が丸いのが特徴で、糸を割らずにすくいやすくなっています。太さや長さは糸に合わせて選びましょう。

{ はさみ }

糸を切るときに使います。先端が細くてよく切れる手芸用を用意しましょう。

{ まち針 }

とじ合わせるときに仮どめしたり、編み上がった編み地をアイロンで整えるときに使います。編み物用は針が太く、先端が丸くなっています。

{ メジャー }

サイズを測ったり、つなぎ合わせるときの採寸のために用意しましょう。

{ 段目リング }

編み目にかけて目印に使います。拾い目や段数の目安などにも使います。

{ 糸 }

糸の種類には、ストレートヤーン、ネップの入ったツィード、毛足の長いモヘア、よりのないロービングなどがあり、同じストレートヤーンの中でもウール、麻、コットンなどたくさんの種類や素材があります。また、糸によっては1玉の中で段染めになったグラデーションの糸もあり、糸をつながなくても多色使いやボーダー模様などを作ることができます。はじめての方は編み目のわかりやすいストレートヤーンがおすすめです。また、麻やコットンよりもウール素材の並太程度の太い糸が針にかかりやすく、編みやすいでしょう。

ウール

ウールの段染め糸

コットン

糸についているラベルの見方

糸についているラベルには大切な情報が書いてあります。編んでいるときはなくさないように注意しましょう。

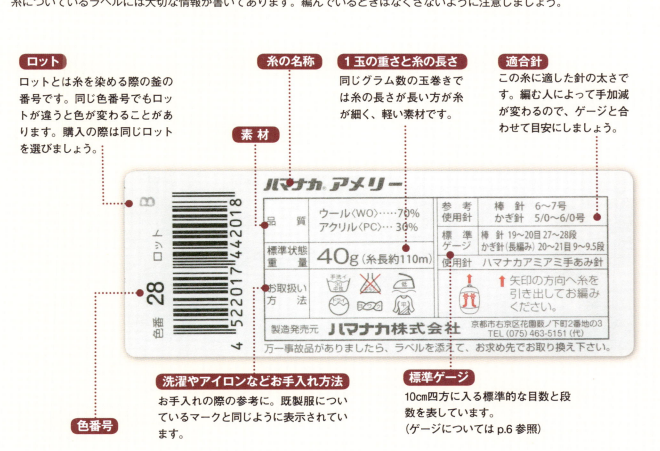

ロット
ロットとは糸を染める際の釜の番号です。同じ色番号でもロットが違うと色が変わることがあります。購入の際は同じロットを選びましょう。

糸の名称

1玉の重さと糸の長さ
同じグラム数の玉巻きでは糸の長さが長い方が糸が細く、軽い素材です。

適合針
この糸に適した針の太さです。編む人によって手加減が変わるので、ゲージと合わせて目安にしましょう。

素材

洗濯やアイロンなどお手入れ方法
お手入れの際の参考に。既製服についているマークと同じように表示されています。

色番号

標準ゲージ
10cm四方に入る標準的な目数と段数を表しています。
(ゲージについてはp.6参照)

糸と針の使い方

糸端の取り出し方
糸玉の中に指を入れて指先でつまんで糸端を引き出します。糸が多く出てきてしまったときは、一度取り出して、固まりの中から糸端を見つけましょう。

針の持ち方
右手の親指と人さし指でグリップ部分を持ち、中指を添えます。このときかぎ針の先は下側を向くように持ちましょう。

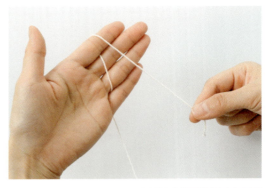

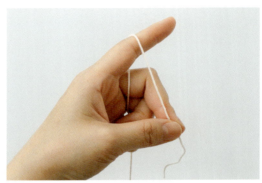

糸のかけ方
糸は左手の甲側から小指と薬指の間にはさみ、人さし指にかけます。
編むときは人さし指を立てて、糸端側を親指と中指で持ちます。

ゲージについて

ゲージとは、編み地の一定の面積内に入る目数と段数のことで、作品をサイズ通りに編むには、このゲージを合わせることが重要です。普通は10cm角の目数と段数を数えますが、編み地によっては模様単位で数える場合もあります。作品を編み始める前に、15cm角程度の編み地を試し編みして、ゲージを測ってみましょう。編み地の端は模様が伸びていたり、縮んでいたり編み地が安定していないので、測るときは、編み地の中央で測りましょう。

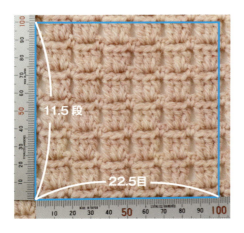

11.5段 / 22.5目

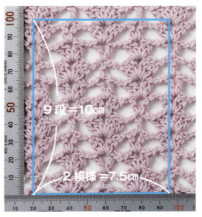

9段=10cm / 2模様=7.5cm

Q&A

自分で編んだゲージが本と違うときはどうするの？

目と段の数が適正ゲージより多いとき

編み目がきつく、作品より小さくなります。針の号数を1〜2号太くして編んでみましょう。

目と段の数が適正ゲージより少ないとき

編み目がゆるく、作品より大きくなります。針の号数を1〜2号細くして編んでみましょう。

記号図の見方

この本で紹介するかぎ針編みはマフラーのように表や裏を見ながら往復に編む作品と、モチーフつなぎのように表を見ながら記号図通りに左方向に編み進む作品があります。

往復に編む場合

1段ごとに編み地の表側と裏側を返しながら編む。

※記号図は表から見た状態です。編むときは、矢印が左から右のときは記号図の左から右に模様を見ながら編み進みます。

この作品で使う編み目記号

○＝くさり編み
×＝こま編み
†＝長編み

輪に編む場合

編み地の表側を見ながら反時計まわりに編む。

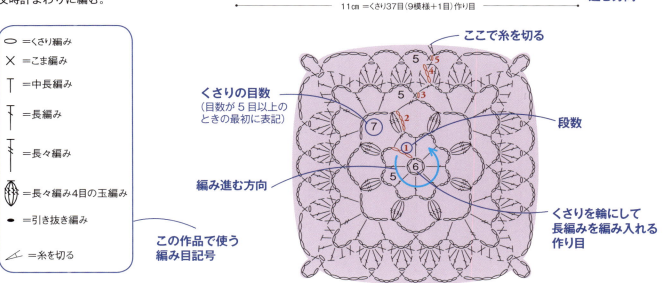

この作品で使う編み目記号

○＝くさり編み
×＝こま編み
T＝中長編み
†＝長編み
‡＝長々編み
＝長々編み4目の玉編み
●＝引き抜き編み
＝糸を切る

CHAPTER-2.

まっすぐ編んでみましょう

レッスン作品 ❶ …… ミニマフラー

くさり編み、こま編み、長編みの3つの編み目記号で編めるマフラー。
爽やかなコットンと編みやすいウールの2つの素材でご紹介します。

デザイン／風工房
糸／**A** ハマナカ ポーム《無垢綿》クロッシェ
　　B ハマナカ アメリー
編み方／p.10

A

写真…p.8・9 ミニマフラー

材料と用具
糸…Aハマナカ ポーム《無垢綿》クロッシェ（25g玉巻）
　　　生成り（1）53g
　　　Bハマナカ アメリー（40g玉巻）
　　　ピーチピンク（28）100g
針…Aハマナカアミアミ両かぎ針ラクラク3/0号
　　　Bハマナカアミアミ両かぎ針ラクラク7/0号

ゲージ
A模様編み　33.5目×15.5段＝10cm角
B模様編み　22.5目×11.5段＝10cm角

でき上がりサイズ
A幅11cm　長さ92cm
B幅16.5cm　長さ119cm

編み方
くさり編み37目を作り目し、模様編みでAは143段、Bは137段編みます。

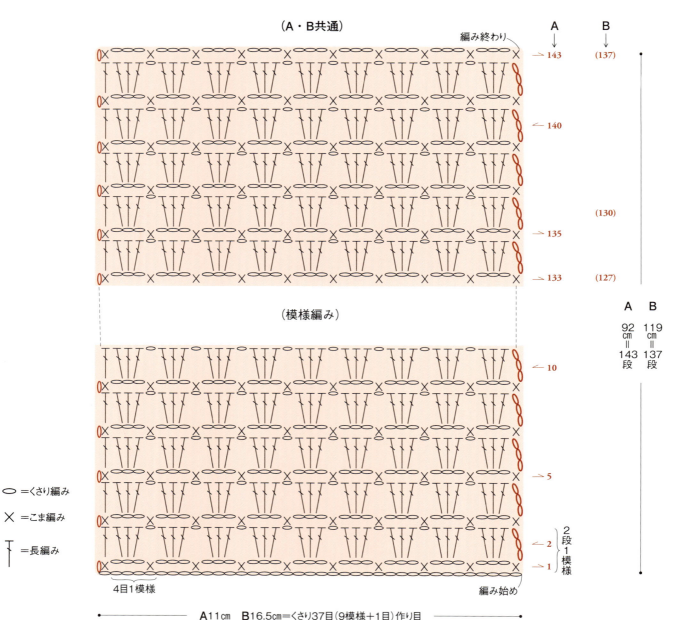

作り目 〈くさり編み〉

> **point!**
> 最初の1目は土台の目として1目に数えません。ただし、太い極太毛糸などで編む場合は作り目を引き締めず、土台の目のくさり目を1目とカウントします。

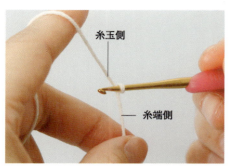

1 左手に糸をかけ、糸端側を親指と中指で押さえ、かぎ針をまわして糸をかける。

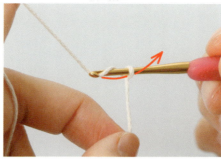

2 かぎ針に糸をかけ、矢印のように引き出す。

3 くさり編みの土台の目ができた。糸端側を引き締める。

4 かぎ針に糸をかけ、矢印のように引き出す。

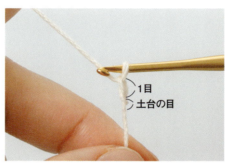

5 くさり編み1目が編めた。4を繰り返し、必要な目数のくさり編みを編む。

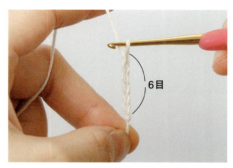

6 くさり編み6目が編めた。同じ要領で37目作る。

1段め × 〈こま編み〉

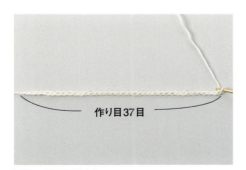

7 37目編めた。

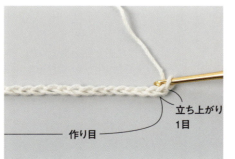

1 立ち上がりのくさり編み1目を編む。

2 矢印のように作り目の1目めにかぎ針を入れ、くさり目の半目と裏山を拾う。

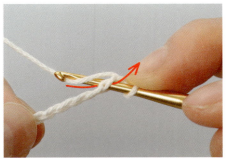

3 かぎ針に糸をかけ、矢印のように引き出す。

4 もう一度かぎ針に糸をかけ、矢印のように引き抜く。

5 こま編み1目が編めた。

Q&A

立ち上がりって何のこと？

毎段編み始めに編み目の高さ分だけ編むくさり編みのことを「立ち上がり」と呼びます。基本的には編み目の記号によってくさり編みの目数が決まっています。立ち上がりは編み始めの1目めに数えますが、こま編みは数えません。

× こま編み 　　T 中長編み 　　T 長編み 　　T 長々編み

Q&A

裏山って何のこと？

くさり編みの裏側にこぶのように出ている渡り糸のことを裏山といいます。

表側

裏側　裏山

くさり編みの目の拾い方

[くさり目の裏山を拾う]
くさり目の表の目が残り、編み目がきれいです。縁編みなどをしない場合に向いています。

[くさり目の半目と裏山を拾う]
目が拾いやすく、拾い目が安定するので細い糸で編むときや透かし模様などに向いています。

[くさり目の半目を拾う]
拾う目がわかりやすく、作り目の両側から目を拾うときに向いていますが、目が伸びて不安定なため、隙間が気になる場合があります。

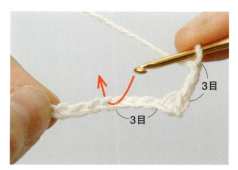

6 くさり編み3目を編む。作り目のくさり編み3目を飛ばし、4目に針を入れてこま編みを編む。

7 こま編み1目が編めた。

8 6、7を繰り返し、くさり編みとこま編みを編む。

2段め 〈長編み〉

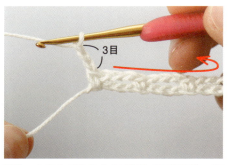

9 1段めが編めた。

1 立ち上がりのくさり編み3目を編み、編み地を矢印の方向に手前から向こう側にまわして表に返す。

2 かぎ針に糸をかけ、矢印のようにくさり編みの全体をすくう。これを「束(そく)にすくう」という。

point!
次の段の立ち上がりは1段前の編み終わりで編んでから編み地を裏返します。かぎ針は動かさずに編み地を手前から向こう側に裏返します。逆にまわすと編み地がよれて美しくありません。

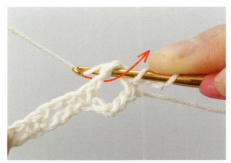
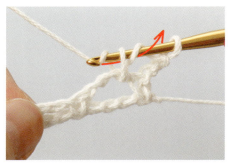

3 かぎ針に糸をかけ、矢印のように引き出す。

4 かぎ針に糸をかけ、矢印のように2つのループを引き抜く。

5 もう1度かぎ針に糸をかけ、針にかかっている2つのループを引き抜く。

6 長編み1目が編めた。

7 2～5の要領で長編みの2目めを編む。

8 同様にしてもう1目編む。

9 くさり編み1目を編む。

10 2～9を繰り返し、長編み3目とくさり編み1目を交互に編む。

11 編み終わりはかぎ針に糸をかけ、矢印のようにこま編みの頭に長編みを編み入れる。

12 長編み1目が編めた。

Q&A

「目に編み入れる」と「束（たば）にすくう」とはどう違うの？

編み目記号には根元がついているものと根元が離れているものがあります。この2つの編み方は同じですが、針を入れる位置が異なります。

●**根元がついている場合**

前段の目に針を入れて編みます。目数が多い場合も同じ目に編み入れます。

前段の目に針を入れて編む

●**根元が離れている場合**

前段のくさり編みなどの全体をすくって編みます。くさり編みのループなどの全体をすくって編むことを「束にすくう」といいます。

前段のくさり編みのループをすくって編む

3段め

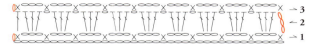

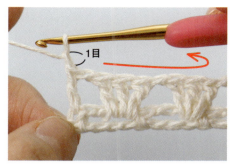

1 立ち上がりのくさり編み1目を編み、編み地を矢印の方向に手前から向こう側にまわして裏返す。

2 長編みの頭にこま編みを編む。

3 くさり編み3目を編む。

4 2段めのくさり編み目を束にすくってこま編みを編む。

5 3、4を繰り返して編み進む。

6 16段めまで編めた。続けて指定の段数を編む。

Q&A

頭と足ってどこのこと？

頭とは、編み目の上にある2本の糸のこと。ただし、玉編みやパプコーン編みは編み目のやや右側に寄って見えるので、左隣のくさり編みと間違えないように注意しましょう。足は頭の下側のこと。柱とも呼ばれます。

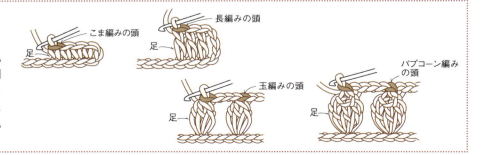

編み終わり

1 編み終わりはもう一度かぎ針に糸をかけて矢印のように引き抜く。

2 引き抜いたところ。糸始末用に15cmほど残して糸を切る。

3 指で輪を持って糸端を引き出す。

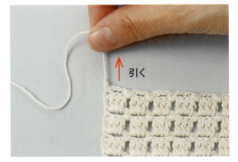

4 糸端を持って引き締める。

【糸端を始末する】 とじ針は糸の太さに合わせて選びましょう。

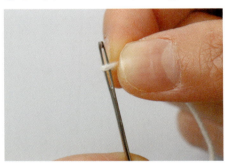

1 とじ針をはさむように糸端をかけて右手の親指と人さし指でぎゅっとつまみ、糸の折り山をつぶす。

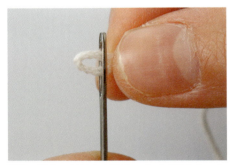

2 針穴に折り山を通す。上手く通らないときはもう一度折り山をつぶして通す。

3 針穴に通ったら折り山を引いて糸端を引き出す。

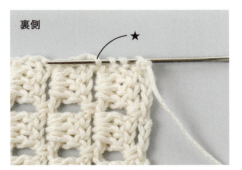

4 編み終わりの角から裏側に針を出す。裏に渡った糸を3～4目すくって糸を引く。このとき表にひびかないように注意する。

5 返し針の要領で最後にすくった1目をもう一度すくい、3～4目すくう。

6 糸端は根元で切る。編み始め側も同じ要領で糸始末をする。

完成

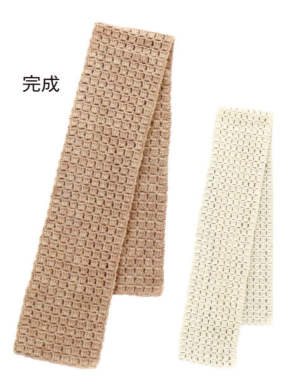

point!

写真は同じ編み方ですが、糸の太さを変えると好きな幅に変えることができます。また、長さを調整したいときは、編む段数を変えて編みましょう。このとき、1模様の単位で調整します。この作品の場合は2段が1模様なので、2の倍数で調整すると仕上がりがきれいです。

仕上げのスチームアイロン

編み上がった編み地は蒸気をかけると目が揃ってきれいに仕上がります。

アイロン台に平らに広げます。編み地の幅が安定していない場合は、ニット用のまち針を使って、仕上がりのサイズに合わせてアイロン台にとめます。まち針とまち針の間を等間隔にとめましょう。編み地から2～3cm離して蒸気をかけます。直接編み地にアイロンをかけると、編み目がつぶれてしまいます。縁側がくるんと丸まっていたり、作り目が縮んでいるときには、アイロンの先でつぶさないように伸ばします。蒸気をかけたら、完全に冷めるまでそのまましばらく置きましょう。

まち針をとめた場合も冷めないうちにまち針をはずすと、編み地が安定せずに縮むことがありますので、注意しましょう。

洗濯のあとも同様にしてアイロンをかけます。

フリルマフラー

くさり編みの目数を変えることでボリュームを出しました。
シンプルな装いにこれ1枚プラスするだけで、
えり元が華やかになります。

デザイン／岡本啓子
糸／ハマナカ アルパカモヘアフィーヌ
編み方／p.19

写真…p.18 フリルマフラー

材料と用具
糸…ハマナカ アルパカモヘアフィーヌ（25g玉巻）
　マスタード（14）130g
針…ハマナカアミアミ両かぎ針ラクラク4/0号
ゲージ
方眼編み　13.5マス＝10cm　6段＝5cm
でき上がりサイズ
図参照

編み方
くさり編み271目を作り目し、長編みとくさり編みで方眼編みを6段編み、続けてくさり編みとこま編みでネット編みを16段編んで糸を切ります。作り目の反対側に糸をつけ、ネット編みを16段編みます。糸を続けて、まわりに縁編みを1段編みます。

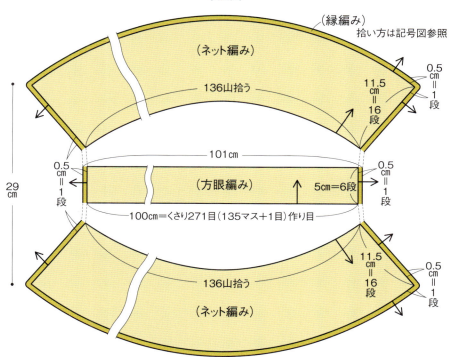

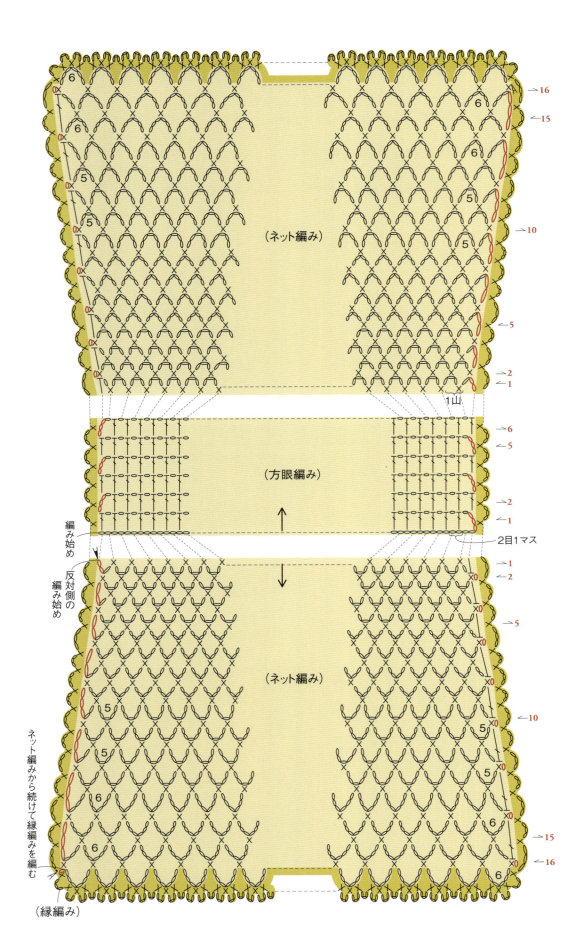

【作り目からの目の拾い方】

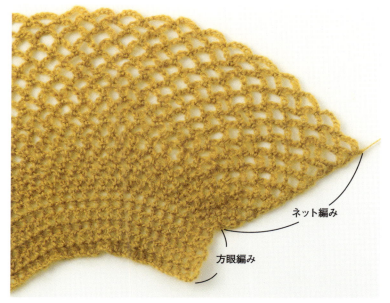

1. 方眼編みから続けてネット編みで16段編み、糸を切る(p.16編み終わり参照)。

2. 糸始末用に糸端を15cmほど残し、作り目に針を入れて引き抜き、糸をつける。

3. くさり編み3目を編み、矢印のように作り目を束にすくう。

4. こま編みを編む。

5. 3、4を繰り返して編み進む。

> **point!**
> この模様はネットの山数(模様の数)は最後まで同じですが、編み始め側と終わり側ではくさり編みの目数が異なります。このようにくさりの目数を増やすことでボリュームが出て、身につけたときにフリルのように広がります。

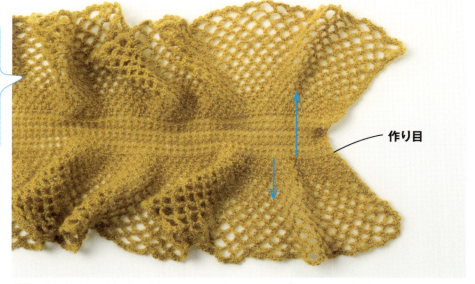

6. 方眼編みの両側にネット編みが編めたら、糸を切らずに続けて縁編みを1周編む。

レーシー模様のショール

オーガニックコットンのさらっとした
肌触りが気持ちのよいショールです。
縁まわりには、ピコットという
小さなドットを編みつけて仕上げました。

デザイン／風工房
糸／ハマナカ ポームクロッシェ《草木染め》
編み方／p.24

写真…p.22、23 レーシー模様のショール

材料と用具

糸…ハマナカ ポームクロッシェ《草木染め》(25ｇ玉巻)
　　ピンク(74)225ｇ

針…ハマナカアミアミ両かぎ針ラクラク4/0号

ゲージ

模様編み　2模様＝7.5㎝　9段＝10㎝

でき上がりサイズ

幅39.5㎝　長さ157㎝

編み方

くさり編み121目を作り目し、模様編みで140段編みます。続けてまわりに縁編みを1段編みます。

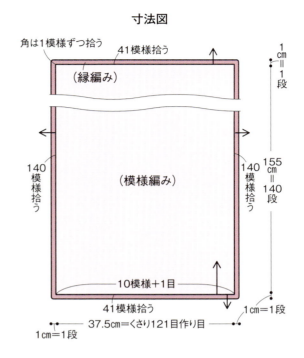

模様のアップ

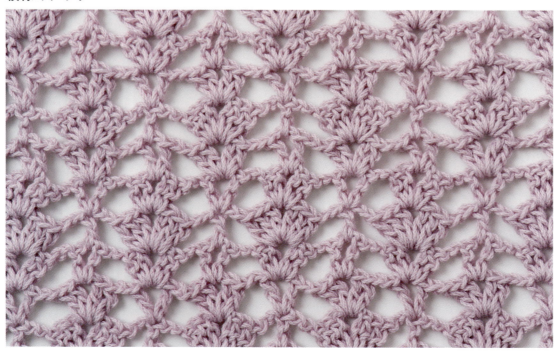

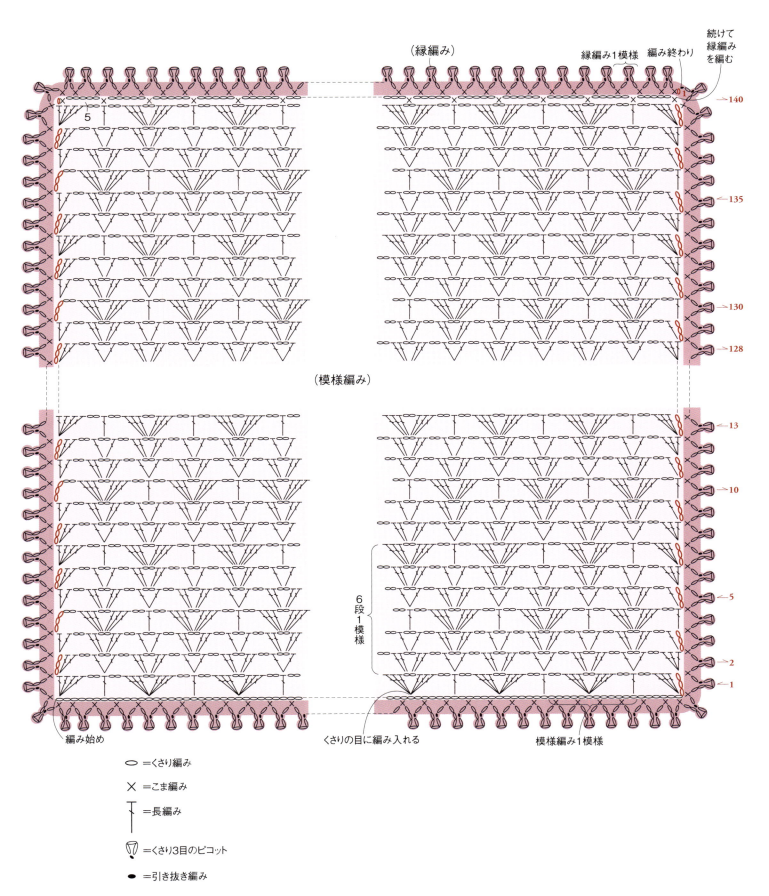

【縁編みの目の拾い方とピコットの編み方】

最終段に縁編みを編む

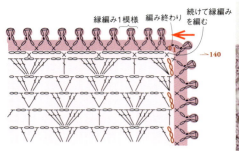

1 編み終わりから続けて縁編みを編む。立ち上がりのくさり編み1目を編み、表に返す。

2 最終段のこま編みの頭にかぎ針を入れ、こま編みを編む。

 〈くさり3目のピコット〉

3 こま編みが編めた。

4 くさり編み5目（模様の2目とピコットの3目分）を編む。

5 くさり編みの2目めにかぎ針を入れ、糸をかけて矢印のように引き抜く。

6 くさり3目のピコットが編めた。くさり編み1目を編む。

7 束にすくい、こま編みを編む。同じくさりループにもう1模様編みつける。

8 4〜7を繰り返し、左角まで編み進む。

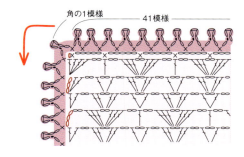

⑨ 左角は矢印のようにこま編みの頭に針を入れ、こま編み1目を編む。

⑩ 編み終わり側の縁編みが編めたところ。

左側の段から拾って縁編みを編む

① 時計まわりに90度回転し、くさり編みとピコットを編んで矢印のように長編みの頭に針を入れてこま編みを編む(角の1模様)。

② くさり編みとピコットを編み、矢印のように立ち上がりのくさり編み目に針を入れてこま編みを編む。

③ 続けて編み進む。

④ 角は矢印のように作り目のくさり編みにこま編み、くさり編みとピコット、こま編みを編む。

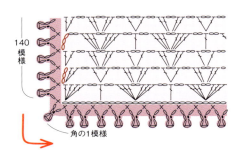

作り目側、右側の段に縁編みを編む。

① 作り目側はくさり編み目を束にすくって縁編みを編む。

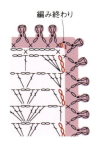

> **point!**
> 最後の引き抜く位置は、立ち上がりのくさり編みではなく、こま編みの頭に引き抜く。

2 続けて右側は左側の段と同じ要領で編み、最後は矢印のように編み始めのこま編みの頭に引き抜く。

3 縁編みが編めたところ。

4 編み終わりは、もう一度かぎ針に糸をかけて引き抜き、糸始末用に15㎝ほど残して糸を切る。

【糸端を始末する】 とじ針は糸の太さに合わせて選びましょう。

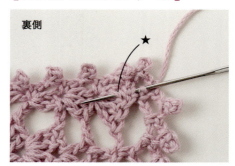

1 p.16の【糸端を始末する】の1～3を参照してとじ針に糸を通し、編み終わりの角から裏側に針を出す。裏に渡った糸を3～4目すくって糸を引く。このとき表にひびかないように注意する。

2 返し針の要領で最後にすくった1目をもう一度すくい、3～4目をすくう。

3 糸端は根元で切る。編み始め側も同じ要領で糸始末をする。

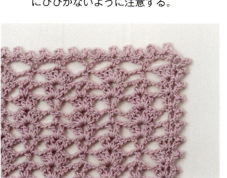

完成

Q&A
ピコットって何のこと？

ピコットは丸く小さなドットのような模様ができる編み方で、縁編みなどによく使われます。くさりの目数によって、4目のピコットや5目のピコットがありますが、編み方の要領は同じです。ピコットにはこま編みなどの頭に編みつける方法とくさり編みに編みつける方法があります。ここで紹介したピコットはくさり編みに3目のピコットを編みつける方法です。

パイナップル編みの ミニストール

パイナップル編みの形を生かした
ゆるやかなラインが美しいストール。
模様はちょっと難しそうに見えるけれど、
くさり編み、こま編み、
長編みの繰り返しだから
がんばって編んでみましょう。

デザイン／河合真弓
糸／ハマナカ ウオッシュコットン
編み方／p.30

| 写真…p.29 | **パイナップル編みのミニストール** |

材料と用具
糸…ハマナカ ウオッシュコットン（40g玉巻）
　　オレンジ色（29）100g
針…ハマナカアミアミ両かぎ針ラクラク4/0号

ゲージ
模様編み　25目×9段＝10cm角

でき上がりサイズ
幅（最大）15cm　長さ125cm

編み方
くさり編み37目を作り目し、模様編みで112段編みます。

寸法図

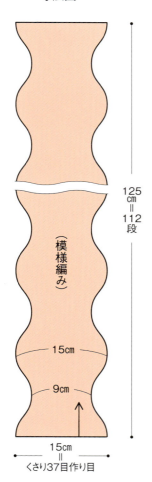

模様のアップ

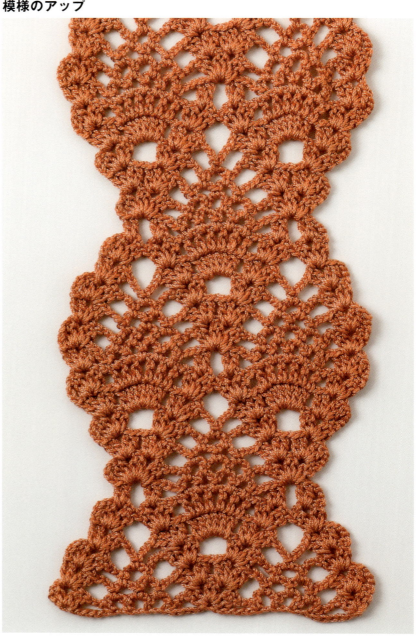

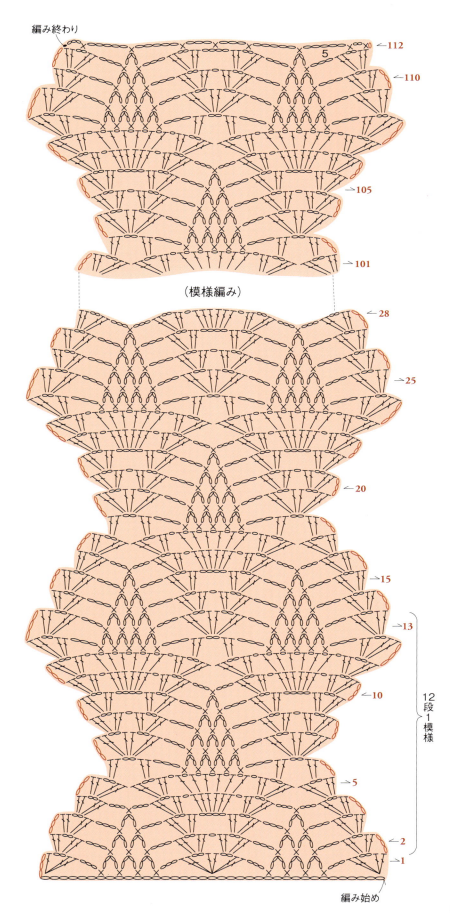

パプコーン編みの
ショール

中央で作り目をし、
両サイドに向かって編み進みます。
シンプルなネット編みに
パプコーン編みを組み合わせて
扇形に広がる模様を描きました。

デザイン／河合真弓
糸／ハマナカ アルパカヴィラ
編み方／p.34

写真…p.32、33　パプコーン編みのショール

材料と用具
糸…ハマナカ アルパカヴィラ（25ｇ玉巻）
　　オレンジ色（5）240ｇ
針…ハマナカアミアミ両かぎ針ラクラク4/0号

ゲージ
模様編み　1模様＝6.5cm　12.5段＝10cm

でき上がりサイズ
幅39cm　長さ150cm

編み方
くさり編み97目を作り目し、模様編みで94段編み、糸を切ります。作り目の反対側に糸をつけ（p.21 **2** 参照）、模様編みを同様に94段編みます。

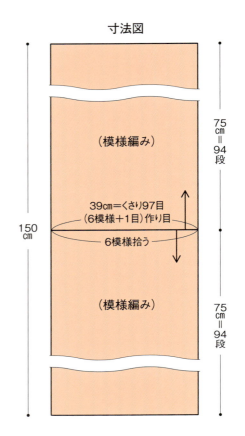

寸法図

模様のアップ

○＝くさり編み

×＝こま編み

╪＝長編み

 ＝長編み5目のパプコーン編み

 ＝立ち上がりのパプコーン編み

V＝長編み2目編み入れる

 ＝長編み3目編み入れる

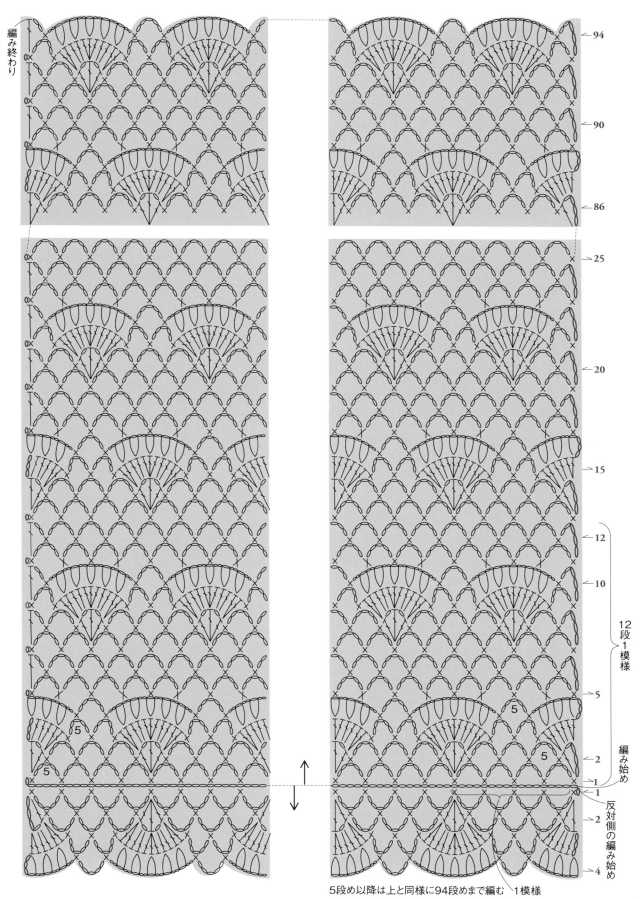

4段め

 〈長編み5目のパプコーン編み〉

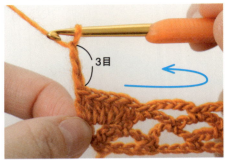

1 立ち上がりのくさり編み3目を編む。編み地を矢印の方向に手前から向こう側にまわして表に返す。

2 かぎ針に糸をかけ、矢印のようにすくって長編みを編む。

3 同じ要領で長編みをあと3目編む。

4 立ち上がりのくさり編み3目と長編み4目が編めた。

5 目からかぎ針をはずし、立ち上がりのくさり編みの3目めに針を入れ、はずした目をすくう。

6 矢印のように目を引き出す。

7 かぎ針に糸をかけ、矢印のように引き抜く。

8 長編み5目のパプコーン編みが編めた。

9 くさり編み2目を編み、前段の長編みを1目飛ばして矢印の位置に長編み5目を編む。

10 長編み 5 目が編めた。

11 目から針をはずし、1 目めの長編みの頭に針を入れ、はずした目をすくう。

12 矢印のように目を引き出す。

13 かぎ針に糸をかけ、矢印のように引き抜く。

14 2 個めのパプコーンが編めた。

Q&A

最初のパプコーン編みは、なぜ長編みを 4 目しか編まないの？

立ち上がりのくさり編み 3 目は 1 目に数えます（p.12 参照）。立ち上がりのくさり編み、長編み 4 目編むことで長編み 5 目編み入れたことになります。16 段め以降も立ち上がりの位置のパプコーン編みは長編み 4 目です。

15 くさり編みとパプコーン編みを繰り返して編み進む。

94 段めまで編めたら 180 度回転して作り目側から目を拾い、対称に 94 段編む。

作り目

37

CHAPTER-3.

輪に編んでみましょう

レッスン作品 ❷ ……ハンドウォーマー

表を見ながらくるくると輪に編むだけだから
かんたんに編めます。
あたたかく、つけたままで指先が使えて
とっても便利なハンドウォーマーです。

デザイン／風工房
糸／ハマナカ アメリー
編み方／p.39

写真…p.38 ハンドウォーマー

材料と用具
糸…ハマナカ アメリー（40g玉巻）
　Aアクアブルー（11）22g
　　アイスブルー（10）20g
　Bマスタードイエロー（3）42g
針…ハマナカアミアミ両かぎ針ラクラク6/0号

ゲージ
模様編み　18目×8.5段＝10cm角

でき上がりサイズ
手のひらまわり20cm　長さ15cm

編み方
Aは指定の配色、Bはマスタードイエローで編みます。くさり編み36目を作り目して輪にし、模様編みで11段編み、続けて縁編みを1段編みます。作り目側にも縁編みを1段編みます。

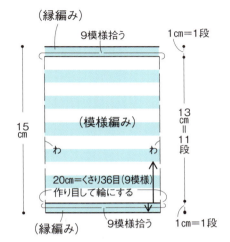

Aの配色

11段め	アイスブルー
10段め	アクアブルー
9段め	アイスブルー
8段め	アクアブルー
7段め	アイスブルー
6段め	アクアブルー
5段め	アイスブルー
4段め	アクアブルー
3段め	アイスブルー
2段め	アクアブルー
1段め	アイスブルー
作り目	アイスブルー

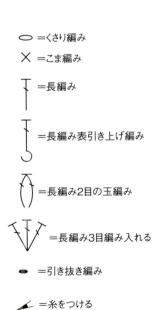

○ ＝くさり編み
× ＝こま編み
＝長編み
＝長編み表引き上げ編み
＝長編み2目の玉編み
＝長編み3目編み入れる
● ＝引き抜き編み
＝糸をつける
＝糸を切る

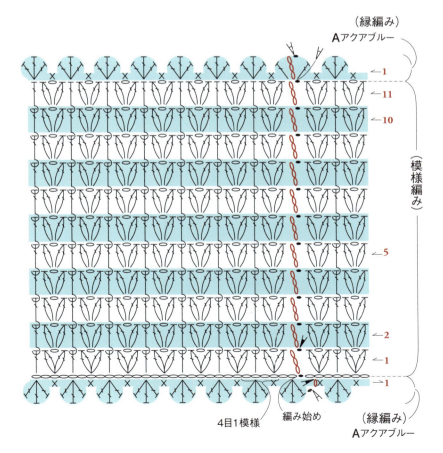

作り目

編み始め

1段め 〈長編み2目の玉編み〉

4目1模様

1 くさり編み36目を作り目して1目めにかぎ針を入れ、糸をかけて引き抜く。

2 立ち上がりのくさり編み3目を編み、かぎ針に糸をかけて矢印のように入れ、半目と裏山をすくう。

3 かぎ針に糸をかけて引き出す。

4 もう一度かぎ針に糸をかけて矢印のように2ループ引き出す。

5 未完成の長編みが編めた。同じ要領で同じ目に未完成の長編みをもう1目編む。

Q&A

未完成の編み目って何？

記号の最後の引き抜く動作をしていない、針にループを残した状態の目を、未完成の編み目と呼びます。2目一度など目を減らす時や、玉編みを編む時に使われる用語です。

6 かぎ針に糸をかけて矢印のように一度に引き抜く。

7 長編み2目の玉編みが編めた。

8 くさり編み1目を編み、2〜6を繰り返して玉編みをもう1目編む。

9 作り目のくさり編み1目を飛ばして矢印の位置に長編み1目を編む。

10 長編み1目が編め、1模様が編めたところ。2〜9を繰り返して編み進む。

【配色糸の替え方】
2段め

1段ごとに色を替えて編むときは、立ち上がり位置で糸を渡しながら編みます。

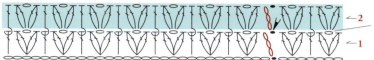

2段め以降の玉編みは前段のくさり編みを束にすくいます（p.14 Q&A参照）。

1 1段めの編み終わりの目の最後の引き抜きをするときに、今まで編んできたアイスブルーの糸を休め、アクアブルーの糸で引き抜く。

2 続けて立ち上がりのくさり編み3目を編む。アクアブルーで続けて編み進む。

point!
配色をするときは、立ち上がりのくさり編み3目めに引き抜きをするときに配色糸に替えます。このとき休めておく糸端が編み地の裏側に出るように気をつけましょう。

〈長編み表引き上げ編み〉

1 1段めの**2**〜**8**の要領で長編み2目の玉編みとくさり編み、長編み2目の玉編みを編む。糸をかけて矢印のように前段の長編みの足をすくう。

2 かぎ針に糸をかけ、矢印のように引き出す。

3 長編みの要領で編む。

4 長編み表引き上げ編みが1目編めた。

5 **1**〜**3**を繰り返して編み進み、編み終わりは立ち上がりのくさり編みの3目めにかぎ針を入れ、休めておいたアイスブルーの糸で引き抜く。

3段め〜11段め

6 1段ごとに編み終わりで糸の色を替えながら、編み図の通りに編み進む。

41

【縁編みの編み方】

1 11段めまで編んだら、続けてアクアブルーで縁編みを編む。立ち上がりのくさり編み3目を編み、かぎ針に糸をかけて矢印のように針を入れて糸を引き出す。

2 長編みを編む。

3 矢印のように前段の玉編みと玉編みの間のくさり編みを束にすくってこま編みを編む。

〈長編み3目編み入れる〉

4 矢印のように前段の長編み表引き上げ編み目に長編みを1目編み入れる。

5 同じ目にあと2目長編みを編み入れる。

6 長編み3目編み入れるが編めた。3〜5を繰り返し、1周する。

7 編み終わりは11段めの最後の引き抜いた目に針を入れて長編みを編む。

8 立ち上がりのくさり編み3目めにかぎ針を入れて引き抜く。

9 縁編みが1周つながって編めたところ。糸始末用に15cmくらい残して糸を切る。

【編み始め側の縁編みの拾い方】

1 編み地を180度回転して持ち変え、玉編みを編んだ作り目にかぎ針を入れ、アクアブルーの糸をかけて引き出す。

2 立ち上がりのくさり編み1目と、こま編みを編む。

3 1段めの長編みを編んだくさり編み目に長編みを編む。

4 同じ目に長編み3目編み入れる。

5 こま編み1目、長編み3目編み入れるを繰り返し、1周する。

6 完成

表側

長編み表引き上げの部分が立体的になる

裏側

立ち上がりの位置でたてに糸が渡る

point!
表引き上げ編みは、続けて編むと写真のように立体的な模様になります。また、糸の色を替えて編むときは、立ち上がりの裏側は糸がたてに渡ります。編むときはこの渡す糸がつれないように編み目の高さに揃えて編むことがきれいに仕上げるコツです。

帽子&ネックウォーマー

帽子とネックウォーマーは同じ編み方です。
帽子は最終段に糸を通して絞り、
ネックウォーマーはひもを編んで模様の間に通して仕上げます。

デザイン／河合真弓
糸／ハマナカ アルパカヴィラ
編み方／p.46

写真…p.44、45 帽子＆ネックウォーマー

帽子

材料と用具

糸…ハマナカ アルパカヴィラ（25g玉巻）
　　ベージュ（2）55g
針…ハマナカアミアミ両かぎ針ラクラク4/0号

ゲージ

模様編み　1模様＝2.2cm　14.5段＝10cm

でき上がりサイズ

頭まわり　53cm　深さ22cm

編み方

くさり編み144目を作り目して輪にし、模様編みで32段編みます。
編み終わりの糸を最終段に2回通してしぼります。

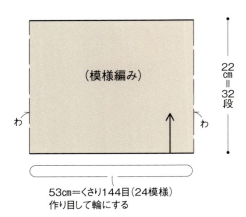

寸法図（帽子・ネックウォーマー共通）

53cm＝くさり144目（24模様）
作り目して輪にする

22cm＝32段

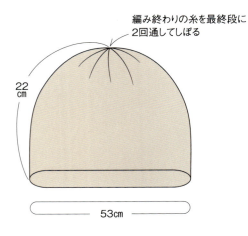

帽子のでき上がり

編み終わりの糸を最終段に2回通してしぼる

22cm

53cm

ネックウォーマー

材料と用具

糸…ハマナカ アルパカヴィラ（25g玉巻）　ワイン（9）57g
針…ハマナカアミアミ両かぎ針ラクラク4/0号

ゲージ

模様編み　1模様＝2.2cm　14.5段＝10cm

でき上がりサイズ

首まわり　53cm　長さ22cm

編み方

くさり編み144目を作り目して輪にし、模様編みで32段編み、
糸を切ります。ひもを編んで29段めに通します。

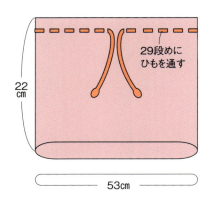

ネックウォーマーのでき上がり

29段めにひもを通す

22cm

53cm

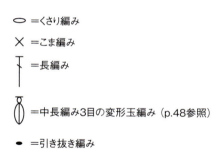

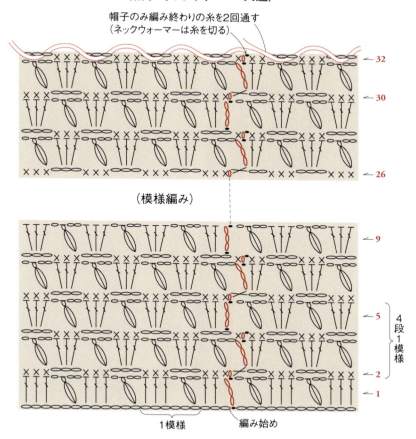

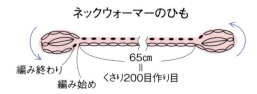

ネックウォーマーのひもの通し方

【中長編み3目の変形玉編みの編み方】

1 かぎ針に糸をかけて矢印のように入れる。

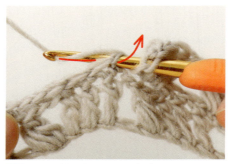

2 かぎ針に糸をかけて矢印のように引き出す。

3 未完成の中長編み1目が編めた。

4 2、3と同じ要領で未完成の中長編みをもう1目編む。

5 未完成の中長編み2目が編めた。もう1目編む。

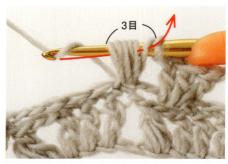

6 3目編めた。かぎ針に糸をかけ、矢印のように3目分を引き抜く。

7 もう一度矢印のようにかぎ針に糸をかけて引き抜く。

8 中長編み3目の変形玉編みが編めた。

9 続けて編んだところ。

レッスン作品 ❸ ……スヌード

長編みだけで編めるかんたんスヌードは作り目の目数を変えて好みの長さに作れます。
ふんわりと柔らかなアルパカ素材で、首まわりを優しく包んでくれます。

デザイン／横山純子
糸／**A** ハマナカ アルパカヴィラ
　　B ハマナカ アルパカエクストラ
編み方／p.51

写真…p.49、50 **スヌード**

材料と用具
糸…**A** ハマナカ アルパカヴィラ(25g玉巻)
　　　グレイッシュブルー(4)85g
　　B ハマナカ アルパカエクストラ(25g玉巻)
　　　ピンク系(5)135g
針…ハマナカアミアミ両かぎ針ラクラク4/0号

ゲージ
模様編み　23目×10段＝10cm角

でき上がりサイズ
丈　25cm　周囲　**A**65cm　**B**100cm

編み方
くさり編み**A**150目、**B**231目を作り目して輪にし、模様編みで図のように往復に25段輪に編みます。

模様のアップ

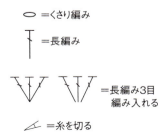

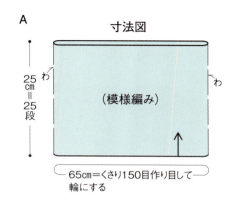

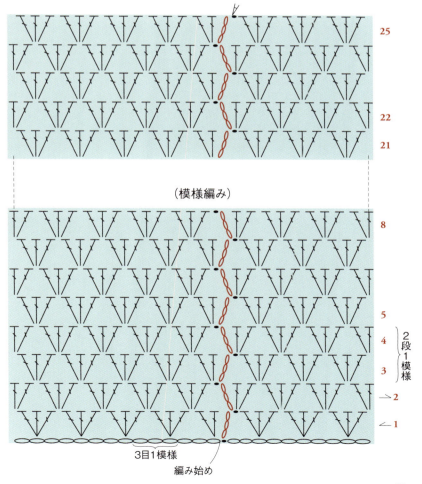

1段め 〈長編み3目編み入れる〉

3目1模様　編み始め

※このページはAで解説しています。

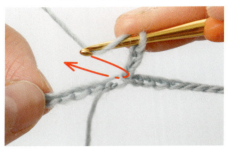

1 くさり編み150目を作り目して1目めに引き抜いて輪にする(p.40 **1** 参照)。立ち上がりのくさり編み3目を編み、長編みを編む。

2 同じ目に長編みをもう1目編む。

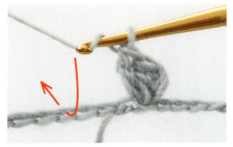

3 かぎ針に糸をかけ、作り目のくさり編みを2目飛ばして3目めに長編みを編む。

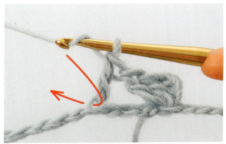

4 同じ目に長編みをあと2目編む。

5 作り目のくさり1目に長編み3目が編めた。

6 **3**〜**5**を繰り返して編み進む。

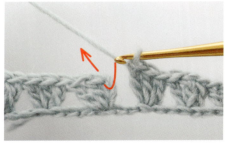

7 1段めの最後は立ち上がりのくさり編みの3目めに引き抜く。

8 1段めが編めた。

2段め

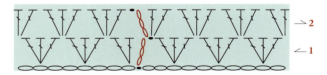

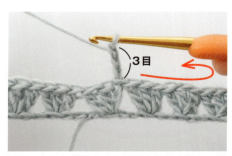

1 立ち上がりのくさり編み3目を編む。編み地を矢印の方向に手前から向こう側にまわして裏返す。

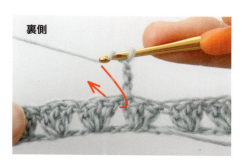

2 かぎ針に糸をかけ、矢印のように束にすくって長編みを編む。

3 長編みをもう1目編む。

4 続けて1段めの模様と模様の間を束にすくいながら長編みを3目ずつ編む。

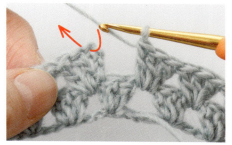

5 2段めの編み終わりは矢印のように立ち上がりのくさり編みの3目めにかぎ針を入れる。

6 かぎ針に糸をかけて引き抜く。

7 2段めが編めた。

3段め

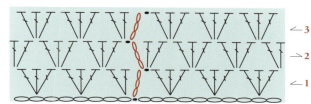

1 立ち上がりのくさり編み3目を編んでから編み地を矢印の方向に手前から向こう側にまわして表に返す。

point!

輪に編むときに、一方向に編み進むと模様によっては編み目が右側に斜めによじれる場合があります。このように編み地がよれることを「斜向する」といいます。このスヌードの模様も同じ方向に編み進むと斜向して美しくありません。このようなときは、1段ごとに進行方向を変えて往復に編みます。また、往復に編むことで、裏表の表情が同じになり、立体感のある編み地にもなります。

CHAPTER-4.
モチーフをつなげて編んでみましょう

A

モチーフつなぎのマフラー

グレーのマフラーは光沢のある上品な糸で
ふんわりと大きなサイズに編み上げました。
グリーンのマフラーは段染め糸を使って
ミックスした色が楽しめる1枚に。
くさり編みとこま編みだけで編めるから
はじめての方にもおすすめです。

デザイン／岡本啓子
糸／A ハマナカ エマ
　　B ハマナカ 純毛中細《グラデーション》
編み方／p.56

B

写真…p.54、55 モチーフつなぎのマフラー

材料と用具
糸…A ハマナカ エマ（30ｇ玉巻） シルバーグレー（2）130ｇ
　　B ハマナカ 純毛中細《グラデーション》（40ｇ玉巻）
　　　グリーン系（111）76ｇ
針…ハマナカアミアミ両かぎ針ラクラク
　　A 5/0号　B 3/0号

モチーフの大きさ
A 直径7㎝　B 直径5㎝

でき上がりサイズ
A 幅 28㎝　長さ 154㎝
B 幅 20㎝　長さ 110㎝

編み方
モチーフは糸端を輪にする方法（p.109参照）で作り目し、図のように編みます。2枚めからは最終段で引き抜き編みでつなぎながら編みます。

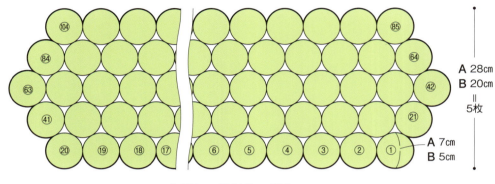

寸法配置図
（モチーフつなぎ）104枚

【モチーフのつなぎ方　引き抜き編みでつなぐ方法】

1 2枚めの引き抜きの位置まで編んだら、矢印のように1枚めのモチーフにかぎ針を入れる。

2 かぎ針に糸をかけ、矢印のように引き抜く。

3 引き抜き編みでつながったところ。くさり編みを編み、続けて編み進む。

4 2枚めのモチーフが1枚めの上に重なる。

5 2カ所めも同様にして1枚めのモチーフにかぎ針を入れて引き抜く。

6 引き抜き編みで2枚がつながったところ。

モチーフの編み方とつなぎ方

○ =くさり編み
× =こま編み
⚒ =こま編み2目編み入れる
● =引き抜き編み
⊿ =糸を切る

= 引き抜き編みで
編みながらつなぐ

モチーフつなぎのストール

花モチーフは人気のデザイン。
長編みの玉編みを使って優しい雰囲気の模様にまとまりました。

デザイン／横山純子
糸／ハマナカ ウオッシュコットン
編み方／p.60

写真…p.58、59　モチーフつなぎのストール

材料と用具
糸…ハマナカ ウオッシュコットン（40g玉巻）
　　　薄紫（18）260g
針…ハマナカアミアミ両かぎ針ラクラク4/0号

モチーフの大きさ
12cm角

でき上がりサイズ
幅 36cm　長さ 132cm

編み方
モチーフはくさり編み6目を作り目して輪にし、図のように編みます。2枚めからは最終段で引き抜き編みでつなぎながら編みます。

4段めの編み方は、こま編み、中長編み、長編み、中長編み、こま編みの順に編んでいます。こま編みはくさり1目の高さ、中長編みはくさり2目の高さ、長編みはくさり3目の高さです。このように高さの違う編み目を組み合わせると写真のようなきれいなカーブが作れます。

寸法配置図

（モチーフつなぎ）33枚
132cm＝11枚
36cm＝3枚

※○囲みの数字はモチーフを編む順番

モチーフの編み方

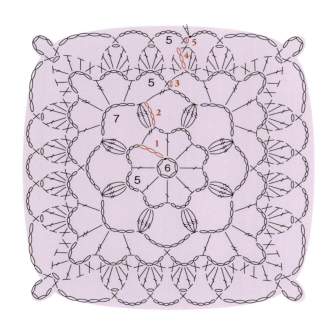

○ ＝くさり編み
× ＝こま編み
T ＝中長編み
＝長編み
＝長々編み
＝長々編み4目の玉編み
● ＝引き抜き編み
 ＝糸を切る

モチーフのつなぎ方

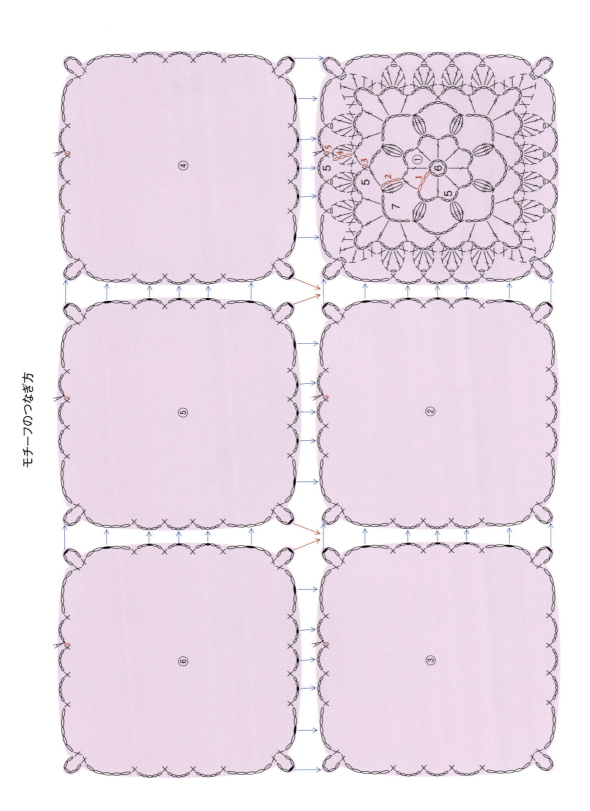

←── ＝引き抜き編みでつなぎながら編む (p.56参照)

←── ＝先につないだモチーフの引き抜き編みに編みつける (p.110参照)

61

三角モチーフのショール

三角形の角をつなぎ合わせると丸い花模様が浮かび上がる可憐なデザインです。
シンプルな装いに華やかさを添える1枚です。

デザイン／河合真弓
糸／ハマナカ ウオッシュコットン
編み方／p.64

三角モチーフのショール

写真…p.62、63

材料と用具
糸…ハマナカ ウオッシュコットン（40g玉巻）
　　オフホワイト(2)240g
針…ハマナカアミアミ両かぎ針ラクラク4/0号

モチーフの大きさ
一辺が12cmの三角形

でき上がりサイズ
図参照

編み方
モチーフはくさり編み5目を作り目して輪にし、図のように編みます。2枚めからは最終段で引き抜き編みでつなぎながら編みます。

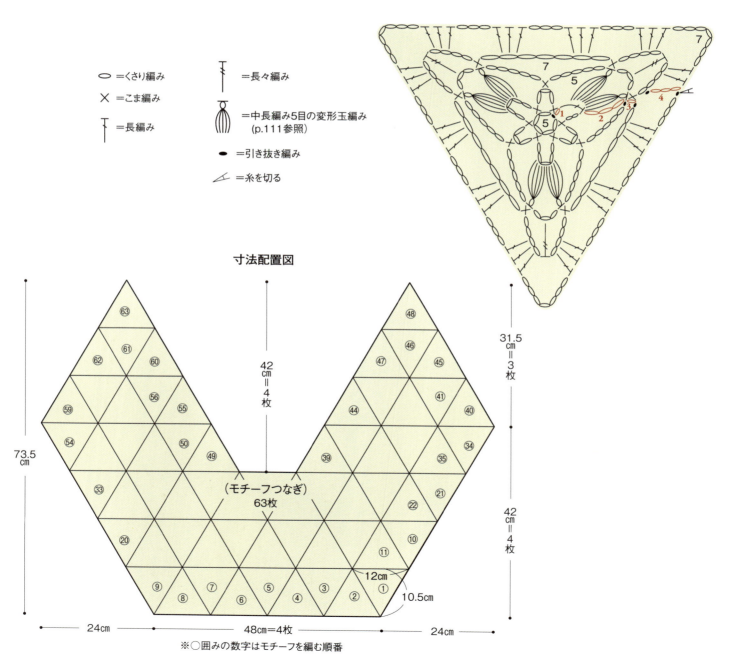

モチーフのつなぎ方

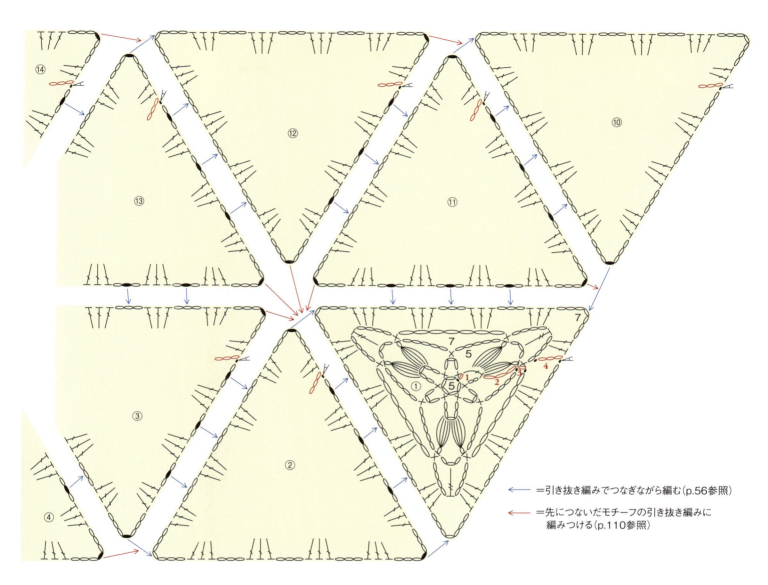

← = 引き抜き編みでつなぎながら編む（p.56参照）

← = 先につないだモチーフの引き抜き編みに編みつける（p.110参照）

モチーフをつなげたところ

6枚のつなぎ目は花のような模様になる

CHAPTER-5.

ゆったりシルエットのウエアを編んでみましょう

A

ジレ

そで部分を開けてまっすぐに編むだけ。
身につけると前端が自然に下がり、
ドレープのようになります。

デザイン／風工房
糸／ハマナカ アメリー
編み方／p.70

ジレ

66ページと同じ編み方で素材を替えて編みました。
アンゴラとモヘヤの柔らかい肌触りが心地よく、さりげなく入ったラメがエレガントです。

デザイン／風工房
糸／ハマナカ アンゴラミーテ
編み方／p.70

写真…p.66〜69 ジレ

材料と用具

糸…Aハマナカ アメリー（40g玉巻） インクブルー（16）430g
　　Bハマナカ アンゴラミーテ（30g玉巻） ベージュ（1）295g
針…ハマナカアミアミ両かぎ針ラクラク
　　A 6/0号針　B 5/0号針

ゲージ

模様編み　A 21.5目＝10cm　1模様（6段）＝6.3cm
　　　　　B 25目＝10cm　1模様（6段）＝5.4cm
※目数は長編みとくさり編みの段数で数える

でき上がりサイズ

A 後ろ幅 41cm　着丈 54cm　B 後ろ幅 35cm　着丈 46.5cm

編み方

後ろ中心から左右に編み進みます。右身ごろから編みます。くさり編み137目を作り目し、模様編みを20段編み、糸を休めておきます。指定の位置に別糸でくさり編み43目を作り目してそであきを作り、休めておいた糸で続けて49段を編んで糸を切ります。左身ごろは作り目の反対側に糸をつけ（p.21 2参照）、模様編みで19段編んでそであきを作り、続けて49段を編みます。糸を続けて、まわりに縁編み①②を1段編みます。そであきに縁編み②を1段編みます。

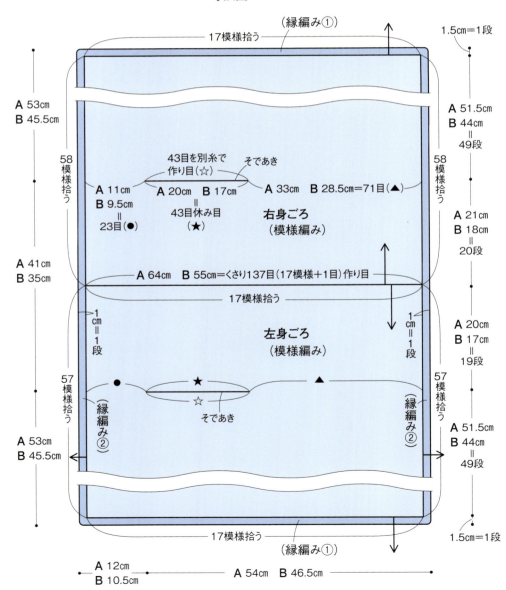

寸法図

そであきの始末
（縁編み②）

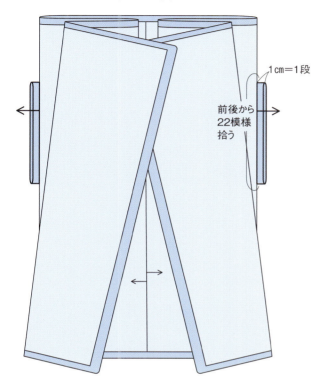

1cm＝1段
前後から22模様拾う

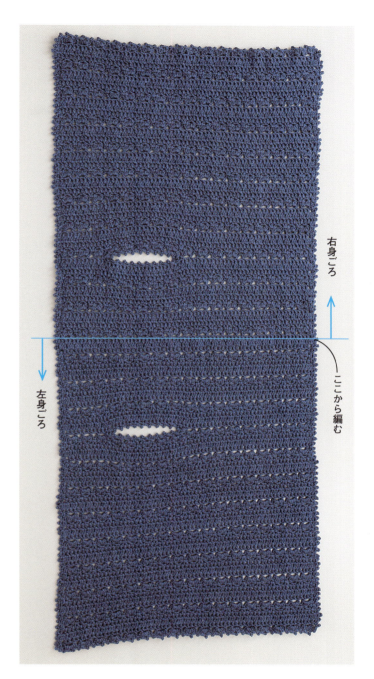

右身ごろ
左身ごろ
ここから編む

そであきの縁編み

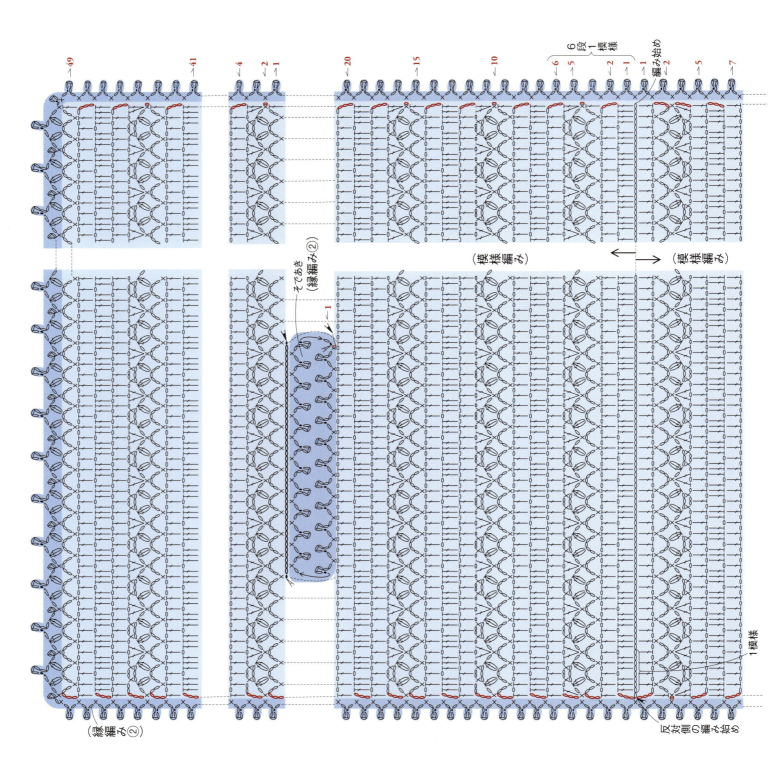

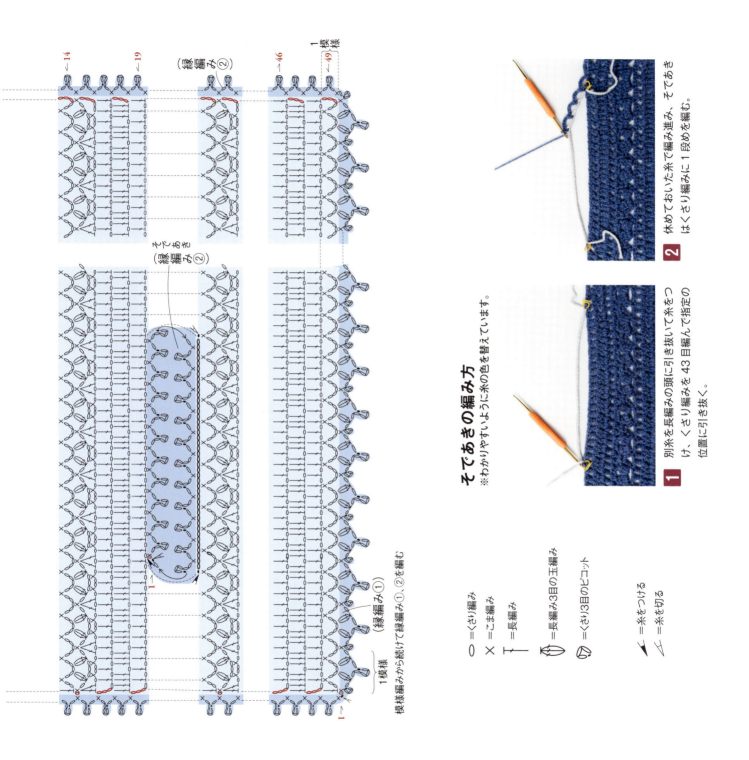

A

3Wayニット

肩からかけてショールやジレ風に、
ネックまわりにくるっと巻いてマフラーに、
ボタンを留めてマーガレットにと
3通りのアレンジができます。
段染めの糸を使うと色の変化も楽しめます。

デザイン／横山純子
糸／ハマナカ アルコバ
編み方／p.78

3Wayニット

爽やかな色が魅力のマーガレットは、
ノースリーブにさらっと羽織りましょう。
編み方は74ページと同じ。
着こなしのバリエーションだけでなく、
素材を替えて1年中重宝する1枚です。

デザイン／横山純子
糸／ハマナカ ウオッシュコットン
編み方／p.78

写真…p.74〜77　3Wayニット

材料と用具

糸…Aハマナカ アルコバ(25g玉巻) パープル系(7)220g
　　Bハマナカ ウオッシュコットン(40g玉巻) 黄緑(21) 350g

針…ハマナカアミアミ両かぎ針ラクラク4/0号

その他…直径1.5cmのボタン各10個

ゲージ

1模様=約2.7cm　16段=10cm

でき上がりサイズ

着丈 43cm

編み方

くさり編み121目を作り目し、模様編みを193段編みます。続けて、まわりに縁編みを1段編み、指定の位置にボタンをつけます。

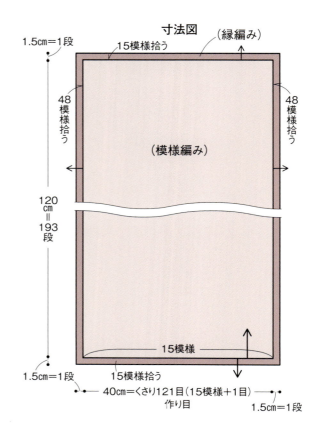

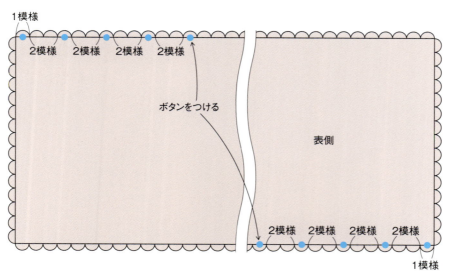

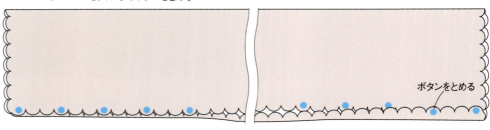

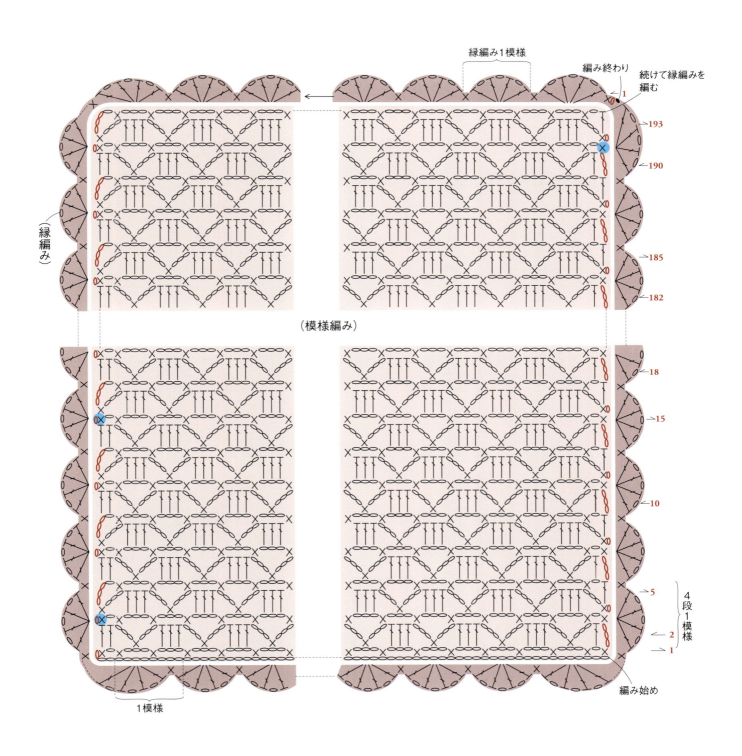

スカート

かぎ針編みの中でも人気のパイナップル模様を使って、丈違いのスカートを作りました。
パンツやスパッツとコーディネイトすれば、お腹まわりや腰まわりをあたたかく包んでくれます。

デザイン／岡本啓子　糸／ハマナカ アメリー
編み方／p.82

A

B

写真…p.80、81 スカート

材料と用具

糸…ハマナカ アメリー(40g玉巻)
　A インクブルー(16)105g
　　ネイビーブルー(17)105g
　　グレー(22)40g
　B チャコールグレー(30)320g
針…ハマナカアミアミ両かぎ針ラクラク
　A 5/0号、6/0号
　B 5/0号、6/0号　7/0号
その他…幅3cmのゴムテープ64cm

ゲージ

模様編み　5/0号　1模様＝8.4cm　13.5段＝10cm
　　　　　6/0号　1模様＝9.3cm　11.5段＝10cm
　　　　　7/0号　1模様＝10cm　10.5段＝10cm

でき上がりサイズ

A ウエスト62cm　丈44.5cm
B ウエスト62cm　丈59.5cm

編み方

Aは指定の配色、Bはチャコールグレーで編みます。ウエストでくさり編み192目を作り目して輪にし、針の号数を替えながらすそに向かって模様編みを往復に輪に編みます。作り目の反対側に糸をつけ(p.21 **2** 参照)、ベルトを往復に輪に編みます。ゴムテープを通しながらウエストの始末をします。

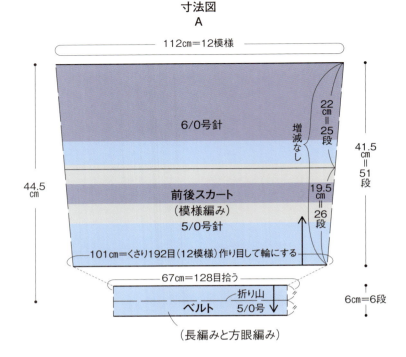

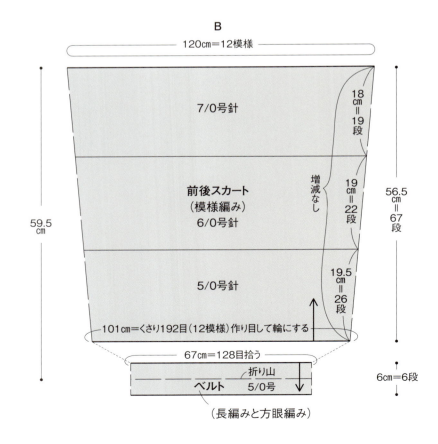

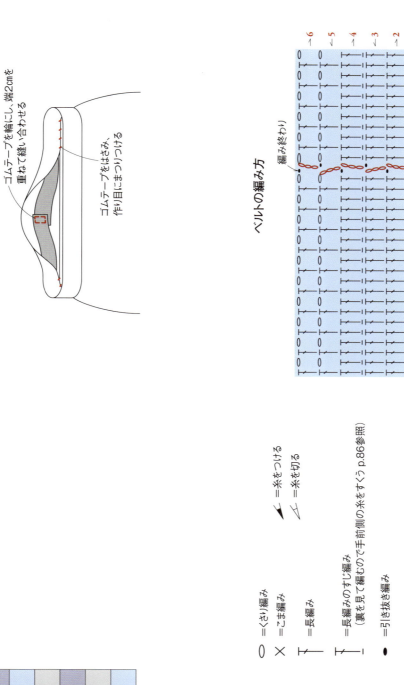

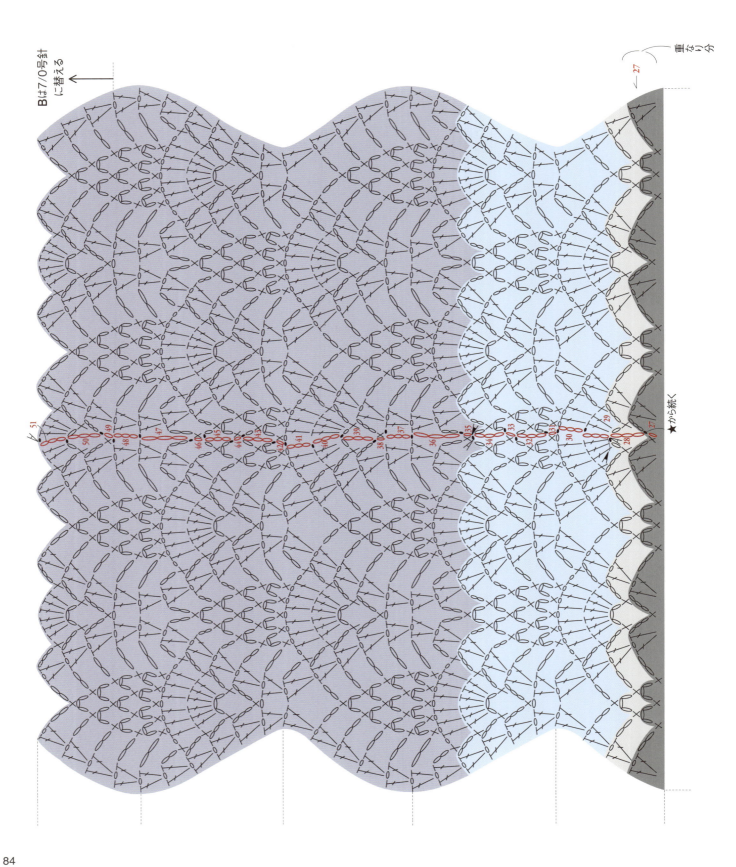

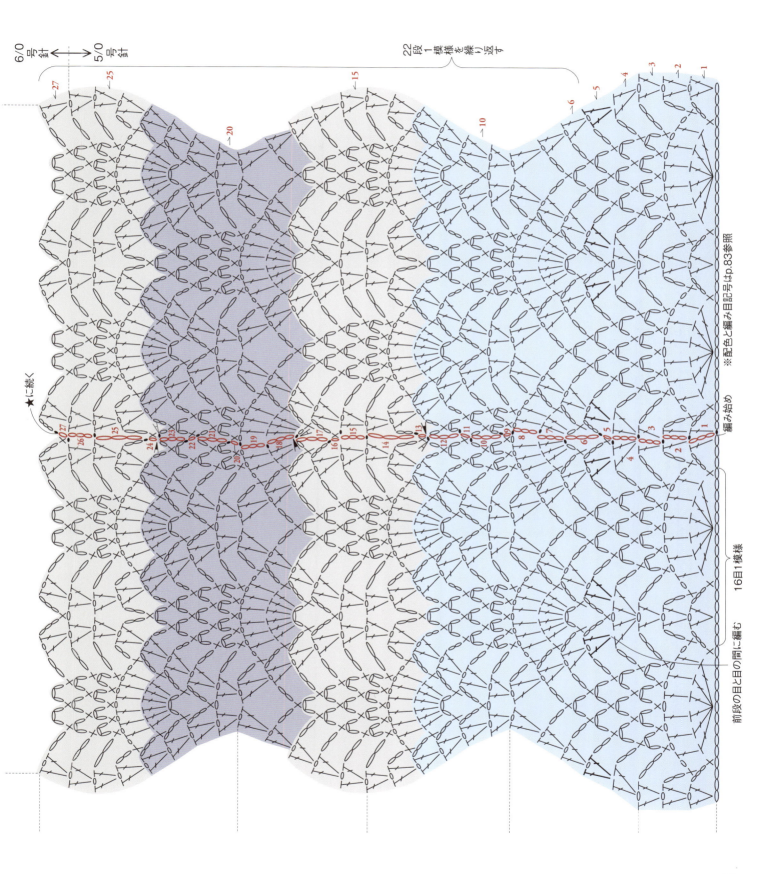

【ベルト　長編みのすじ編みの編み方】

※4段めのすじ編みは裏を見ながら編むので、手前の半目をすくって編む。

1 かぎ針に糸をかけ、矢印のように手前の1本をすくう。

2 すくったところ。

3 かぎ針に糸をかけ、矢印のように引き出す。

4 長編みの要領でかぎ針に糸をかけ矢印のように2ループ引き抜く。

5 もう一度かぎ針に糸をかけて一度に引き抜く。

6 編めた。

7 表から見ると3段めの半目がすじのように残る。

← すじのように残る

ベルトを折り返したところ

→ すじ編みの部分がきれいに折り返る

ベスト

2枚の四角いパーツを編んで、
そであきからくるくると輪に編みます。
まっすぐ編むだけだからとてもかんたん。
身につけていることを忘れるくらい
軽い着心地もおすすめです。

デザイン／河合真弓
糸／ハマナカ アンゴラミーテ
編み方／p.90

チュニック

87ページのベストを針の号数を変えることで
Aラインのシルエットを作りました。
シックな黒はほっそり見せる効果もあって、
すっきりと着こなせます。

デザイン／河合真弓
糸／ハマナカ アメリー
編み方／p.90

写真…p.87 ベスト

材料と用具
糸…ハマナカ アンゴラミーテ（30g玉巻） 赤系（6）200g
針…ハマナカアミアミ両かぎ針ラクラク6/0号

ゲージ
模様編み　1模様＝5.9㎝　11.5段＝10㎝

でき上がりサイズ
胸囲94㎝　着丈52㎝　ゆき23.5㎝

編み方
後ろ〈上〉、前〈上〉はそれぞれくさり編み113目を作り目します。このとき、肩をとじる用に糸端を肩幅の約5倍残しておきます。模様編みを往復に25段編みますが、後ろ〈上〉は糸を切らずに休めておきます。前後の肩を中表に合わせ、くさりはぎではぎ合わせます。前後〈下〉は休めておいた糸で後ろ〈上〉、前〈上〉に続けて模様編みを輪に編みます。

写真…p.88、89 チュニック

材料と用具
糸…ハマナカ アメリー（40g玉巻）　ナチュラルブラック（24）330g
針…ハマナカアミアミ片かぎ針　5/0号、6/0号、7/0号

ゲージ
模様編み　5/0号　1模様＝5.9㎝　11.5段＝10㎝
　　　　　6/0号　1模様＝6.5㎝　11段＝10㎝
　　　　　7/0号　1模様＝7.5㎝　10段＝10㎝

でき上がりサイズ
胸囲94㎝　着丈67㎝　ゆき23.5㎝

編み方
後ろ〈上〉、前〈上〉はそれぞれ5/0号針を使い、くさり編み113目を作り目します。このとき、肩をとじる用に糸端を肩幅の約5倍残しておきます。模様編みを往復に25段編みますが、後ろ〈上〉は糸を切らずに休めておきます。前後の肩を中表に合わせ、5/0号でくさりはぎではぎ合わせます。前後〈下〉は休めておいた糸で6/0号で後ろ〈上〉、前〈上〉に続けて模様編みを輪に24段編み、7/0号針に替えて23段編みます。

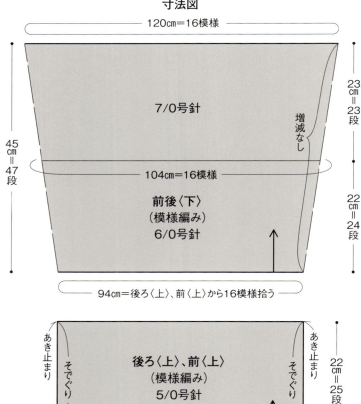

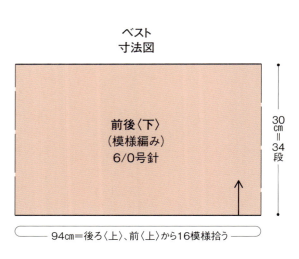

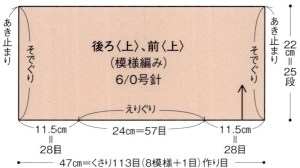

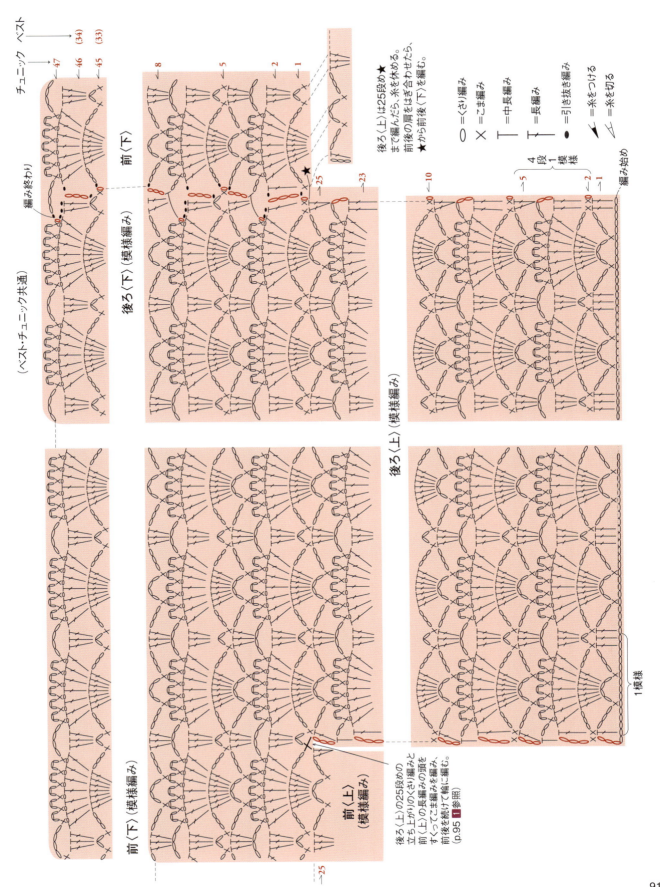

【くさりはぎ】

肩のくさりはぎ（ベスト・チュニック共通）

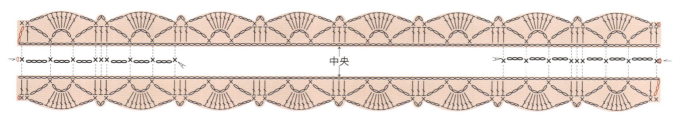

平らに編んだ編み地をくさりはぎではぎ合わせる方法です。後ろ〈上〉と前〈上〉を中表に重ね、肩のそでぐり側からはぎ合わせます。作り目をするときに、糸端を長めに（はぎ合わせる幅の約5倍）残しておくと新しく糸をつけることなく始末もらくにできます。

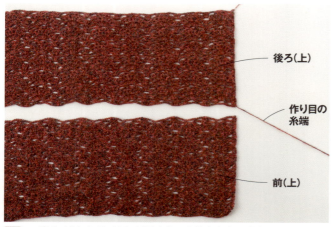

1 後ろ〈上〉と前〈上〉が編めた。2枚を中表に合わせ、そでぐり側からはぎ合わせる。作り目の際に肩幅の約5倍の糸端を残して使うとよい。

2 作り目のくさり編み目にかぎ針を入れて糸をかけて引き出す。

Q&A

「はぎ」と「とじ」って何のこと？

目と目をつなぎ合わせることを「はぎ」と言い、段と段をつなぎ合わせることを「とじ」と言います。「はぎ」は前後の肩をつなぎ合わせるときなどの方法です。「とじ」はわきやそで下をつなぎ合わせるときなどの方法です。

くさりはぎ

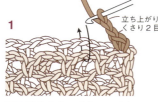
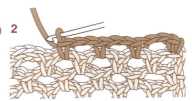

1 編み地を中表に合わせ、くさり編み（目数は編み地によって変わる）を編み、2枚のループをすくってこま編みをきつめに編む

2 編み地がつれたり、ゆるみすぎないように編みつなぐ

くさりとじ

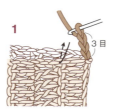
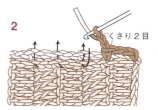

1 編み地を中表に合わせ、作り目の端の目をすくってとじ糸を引き出し、編み地1段分の長さのくさりを編み、こま編みを編む

2 くさり編み、こま編みを繰り返して1段ずつとじる（模様によって、くさりの目数が変わる）

3 立ち上がりのくさり編み1目を編む。

4 同じ目にこま編みを1目編む。

5 くさり編み4目を編み、1段めでこま編みを編んだ作り目のくさり編みを2枚一緒にすくう。

6 こま編み1目を編む。

7 くさり編み3目を編み**5**と同様に次のこま編みを編んだ作り目のくさり編みを矢印のように2枚すくう。

8 こま編み1目を編む。

9 くさり編み3目を編み、長編みを編んだ作り目のくさり編みを矢印のように2枚すくう。

10 こま編みを編む。

11 こま編み1目が編めた。

12 同様に、長編みを編んだ作り目のくさり編みに、こま編みをあと2目編む(合計3目)。

13 編み図を参照してえりあきまでくさり編みとこま編みでとじ合わせる。

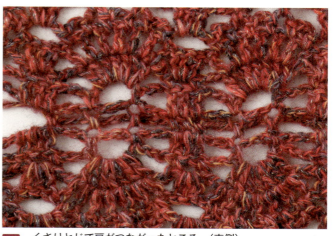

14 くさりとじで肩がつながったところ。(表側)

【前後〈下〉を輪に編む】

前後〈下〉は、後ろ〈上〉の25段めで休めておいた糸を使って続けて編み進みます。

1 休めておいた糸で後ろ〈下〉の1段めを編み図通りに編み進む。最後は後ろ〈上〉の25段めの立ち上がりのくさり編み3目めと前〈上〉の長編みの頭をすくってこま編みを編む。

15 編み終わり側は糸始末用に15cmほど糸を残して切り、とじ針に通して糸始末をする(p.16【糸端を始末する】参照)。反対側の肩も同じ要領でそでぐり側からはぎ合わせる。

3 前〈下〉の編み終わりは後ろ〈下〉のこま編みの頭にかぎ針を入れて矢印のように引き抜く。

2 前後がつながったところ。続けて前〈下〉を記号図通りに編む。

5 2段めからも同じ方向に輪に編む。

4 引き抜いて輪につながったところ。

2Way ポンチョ

ゆったりとしたシルエットのポンチョは、
四角く編むだけでかんたん。
角度によってボートネックとVネックの
2通りの着こなしが楽しめます。
四角い編み地なので、ひざかけとしても使えます。

デザイン／岡本啓子
糸／ハマナカ ソノモノアルパカリリー
編み方／p.98

写真…p.96、97　2Wayポンチョ

材料と用具
糸…ハマナカ ソノモノアルパカリリー（40g玉巻）
　　ベージュ（112）585g
針…ハマナカアミアミ両かぎ針ラクラク7/0号、6/0号

ゲージ
模様編み　1模様＝4cm　8.5段＝10cm

でき上がりサイズ
122cm×107cm

編み方
くさり編み274目を作り目し、模様編みで32段編み、続けて左側の半分を25段編んで糸を休めます。右側の半分は指定の位置で糸をつけて24段編んで糸を切り、左側で休めておいた糸で25段めの続きを編みます。左右を一緒に32段編みます。糸を続けてまわりに縁編みを2段編みます。えりぐりにも縁編みを2段編みます。

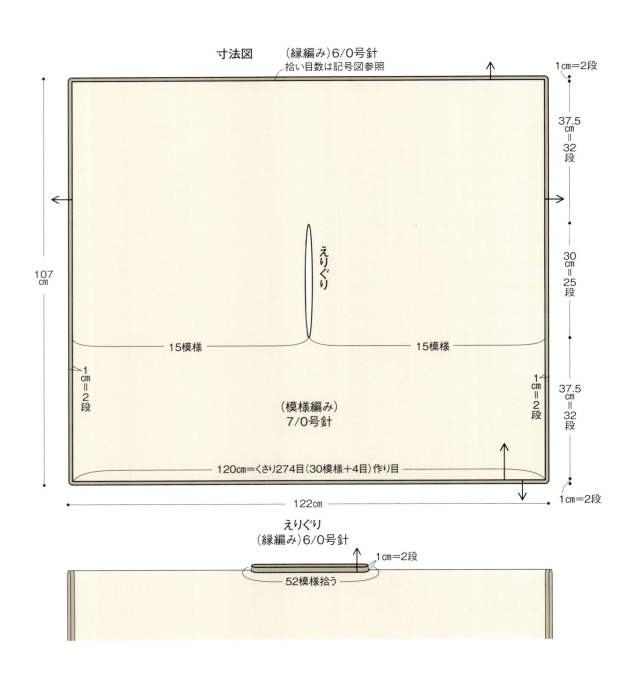

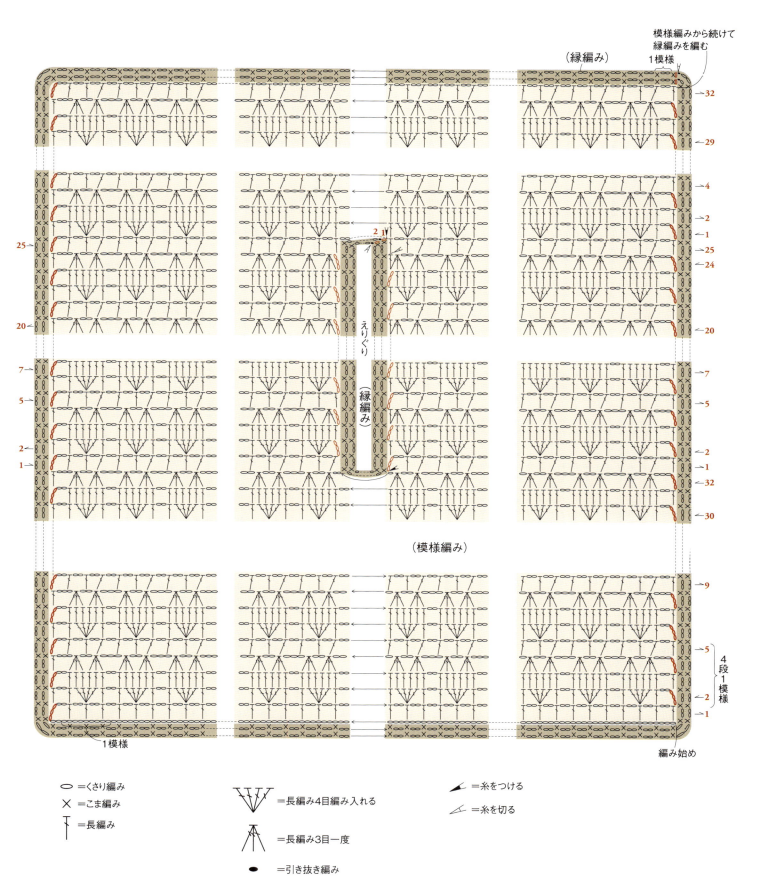

カーディガン

長方形のパーツを編み、そでぐりの縁編みを
編むことで形になるアイデアニット。
そでのないデザインですが、肩まわりや首まわりにも
ほどよくフィットして、体をあたためてくれます。

デザイン／風工房
糸／ハマナカ アメリー
編み方／p.102

写真…p.100、101 カーディガン

材料と用具
糸…ハマナカ アメリー(40g玉巻)ワイン(19) 305g
針…ハマナカ アミアミ両かぎ針ラクラク6/0号

ゲージ
模様編み 1模様＝5.5cm 2段＝2.3cm

でき上がりサイズ
後ろ幅60.5cm 丈74.5cm ゆき 約31cm

編み方
右前身ごろとえりは、くさり編み73目を作り目し、模様編みで58段編みます。左前身ごろとえりは、作り目の反対側に糸をつけ(p.21 2参照)、模様編みで57段編みます。後ろ身ごろは指定の位置から拾い目して模様編みで35段編みます。糸を続けてそであき以外のまわりに縁編み①を編みます。そであきに縁編み②を編みます。

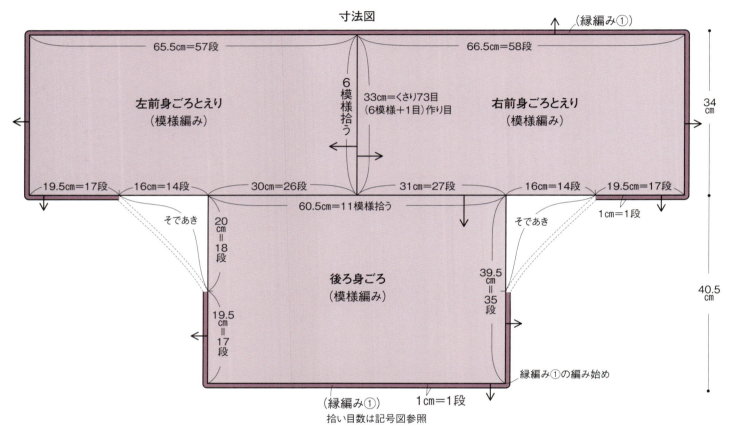

寸法図

縁編みを編むことで そであきができる

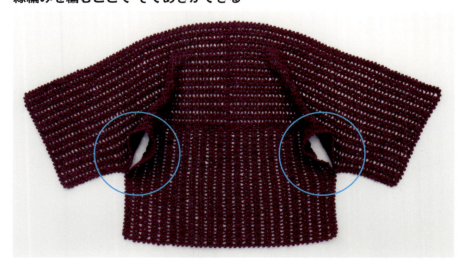

前身ごろとえりの編み方

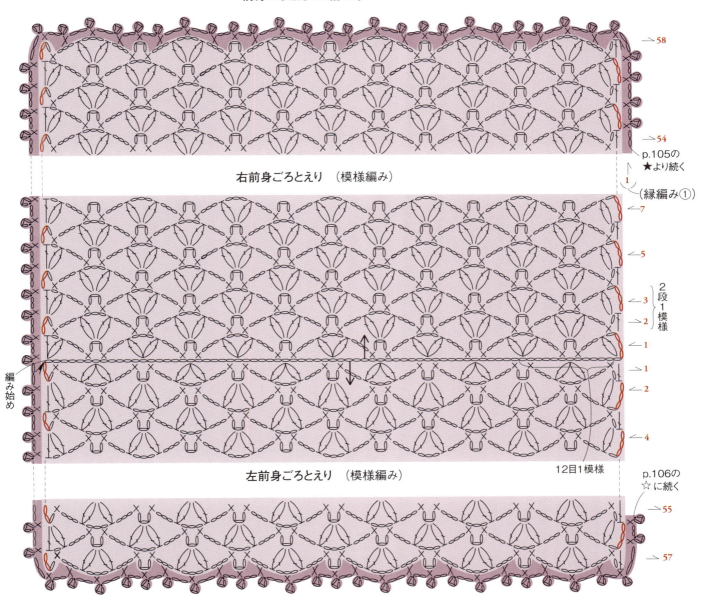

右前身ごろとえり（模様編み）

左前身ごろとえり（模様編み）

12目1模様

編み始め

p.105の★より続く
（縁編み①）

2段1模様

p.106の☆に続く

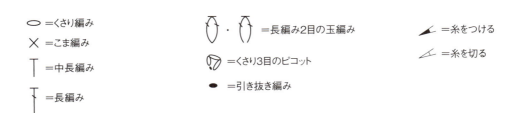

- ◯ ＝くさり編み
- × ＝こま編み
- ┬ ＝中長編み
- ┬ ＝長編み
- ◯・◯ ＝長編み2目の玉編み
- ◯ ＝くさり3目のピコット
- ● ＝引き抜き編み
- ◣ ＝糸をつける
- ◢ ＝糸を切る

103

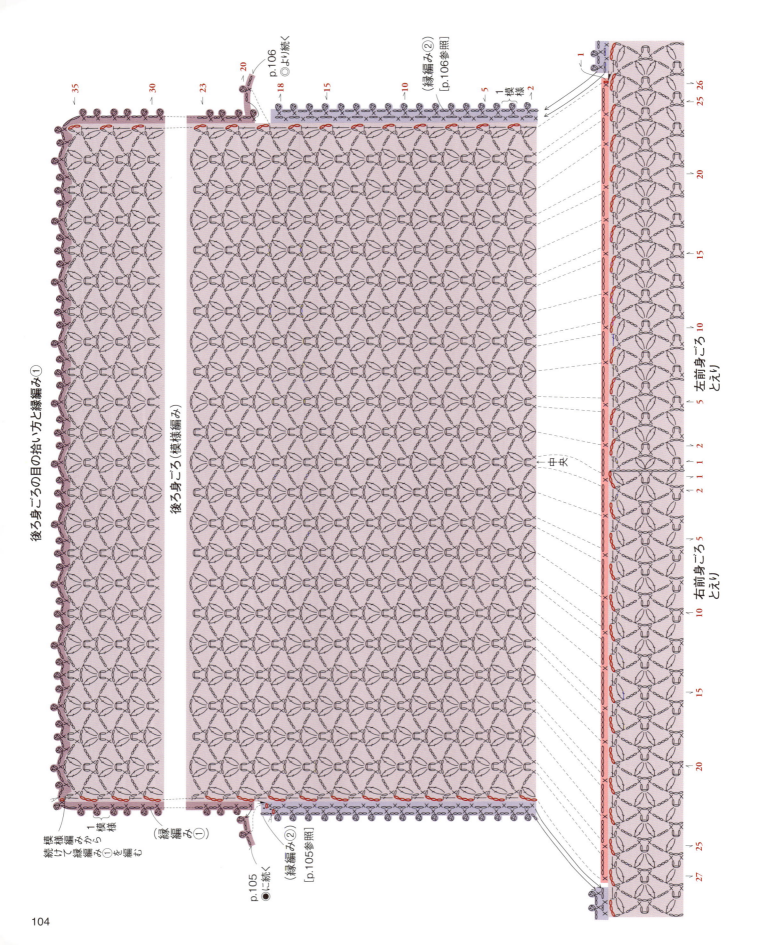

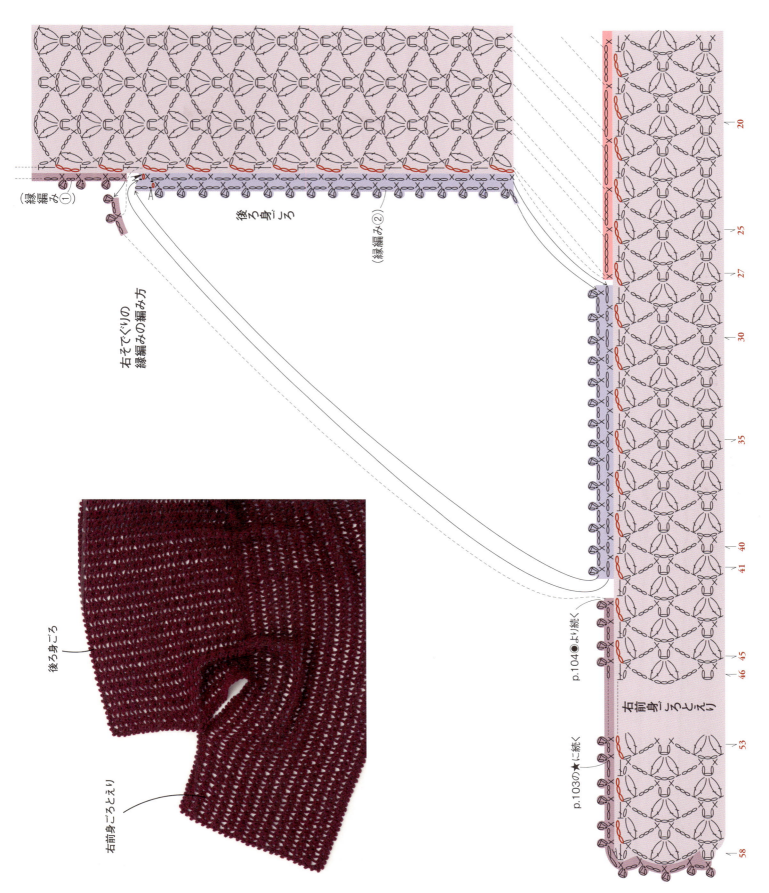

105

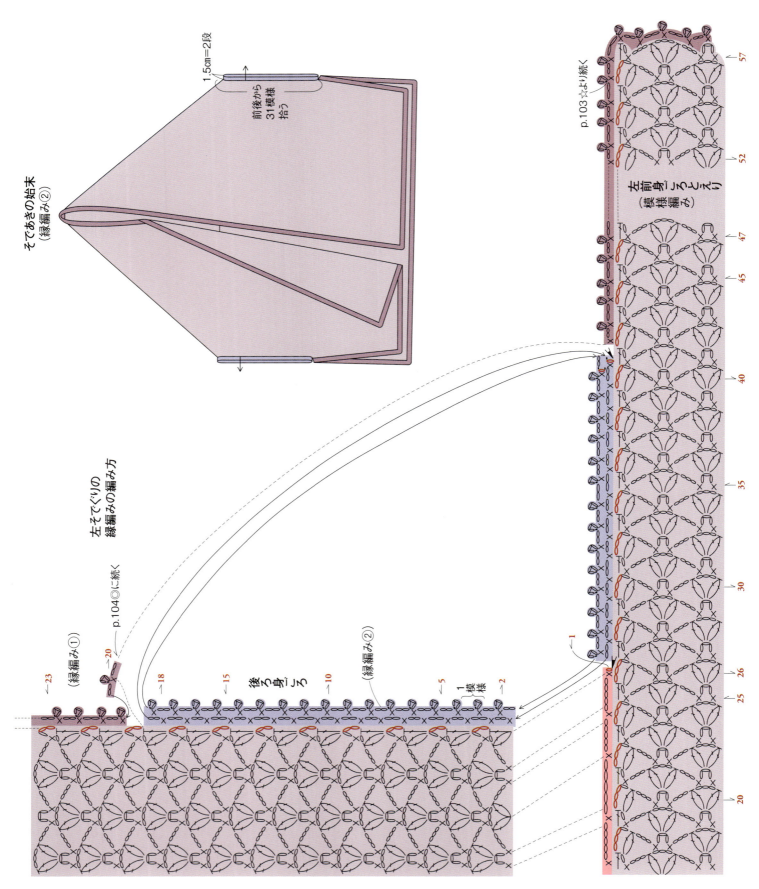

かぎ針編みの基礎

編み始め

矢印のように針をまわし、針に糸をかける
糸玉側　糸端側

○ くさり編み

1　糸を引き出してから引っ張る
2　土台の目

3　4目　土台の目

× こま編み

1　立ち上がりくさり1目　作り目

2

3

T 中長編み

1　立ち上がりくさり2目　作り目

2

3

長編み

1　立ち上がりくさり3目　作り目　2　3　4

● 引き抜き編み

1

2

長々編み

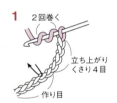
1　2回巻く　立ち上がりくさり4目　作り目

2

3

4

5

⋎ こま編み2目編み入れる

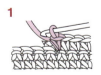
1
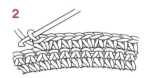
2
同じ目にこま編みを2目編む

長編み2目編み入れる

1
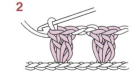
2
同じ目に長編みを2目編む

長編み3目編み入れる

「長編み2目編み入れる」の要領で2目を3目に変えて編む。

※編み入れる目数が増えても同じ要領で編む

長編み2目一度

1　未完成の長編みを2目編む
2　2目を一度に編む
3

 ## 長編み3目一度

2目一度の要領で未完成の長編み3目を一度に編む

 ## 中長編み3目の玉編み

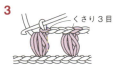

1　針に糸をかけ、同じところに未完成の中長編みを3目編む（図は2目めを編むところ）
2　針に糸をかけ、一度に引き抜く
3　※「中長編み2目の玉編み○」は、同じ要領で中長編みを2に変えて編む

 ## 長編み3目の玉編み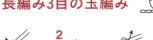

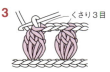

1　未完成の長編みを3目編む（図は1目め）
2　針に糸をかけ、一度に引き抜く
3　くさり3目

 ## 中長編み3目の変形玉編み

1　中長編み3目の玉編み1の要領で編み、針に糸をかけて矢印のように引き抜く
2　針に糸をかけ、2つのループを一度に引き抜く
3

未完成の編み目
※編み目の最後の引き抜く動作をしていない、針にループを残した状態の目を「未完成の編み目」という

未完成の中長編み　　未完成の長編み　　未完成の長々編み

 ## 長編み5目のパプコーン編み

1　同じところに長編みを5目編み入れる
2　針を抜き、矢印のように1目めから入れ直す
3　矢印のように目を引き出す
4　針に糸をかけ、くさり編みの要領で1目編む。この目が頭になる

頭　くさり3目

 ## くさり3目のピコット（くさり編みに編みつける場合）

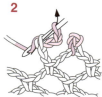

1　3目　3目　2本の糸をすくう
2　一度に引き抜く
3
4　3目

 ## くさり3目のピコット（こま編みに編みつける場合）

1　くさり3目。くさり編みを3目編み、こま編みの頭半目と足の糸1本をすくう
2　針に糸をかけ、全部の糸を一度にきつめに引き抜く
3　引き抜き編み。でき上がり。次の目にこま編みを編む

円形の編み始め

糸端を輪にする方法

1
指に糸を2回巻きつけ、二重の輪を作る

2
輪を指からはずし、矢印のように糸を引き出す

3
立ち上がりのくさり編みを編む

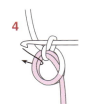
4
輪をすくって必要目数を編む

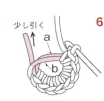
5
糸端を少し引っ張り、a、bのどちらの糸が動くか確かめる

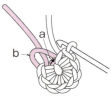
6
動いたaの糸を矢印の方向に引く

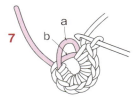
7
aの糸をしっかり引っ張り、bの糸を引き締める

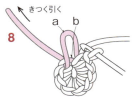
8
糸端を引いてaの糸を引き締める

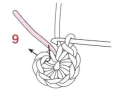
9
最初の目の頭をすくう

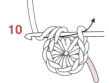
10
きつめに引き抜く

11
1段めが編めたところ

くさりを輪にしてこま編みを編みつける方法

1
指定の目数のくさり編みを編み、矢印に針を入れる

2
引き抜いて輪にする

3
立ち上がりのくさり編みを編む

4
くさり編みと糸端を一緒にすくい、こま編みを必要目数編む

5
1目めに引き抜き、輪にする

6
1段めが編めたところ

モチーフのつなぎ方

引き抜き編みで編みながらつなぐ方法

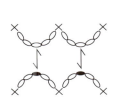

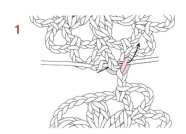
1

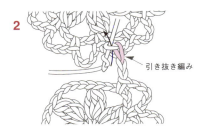
2
引き抜き編み

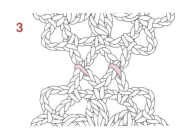
3

配色糸のかえ方（輪編みの場合）

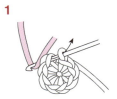
1

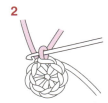
2

色を替える手前の目の最後の糸を引き抜くときに、新しい糸に替えて編む

記号の見方

※編み目記号には目元がついているものと根元が離れているものがあります。この2つの編み方は同じですが、針を入れる位置が異なります。

根元がついている場合

前段の目に針を入れて編む

根元が離れている場合

前段のくさり編みのループをすくって編む

【引き抜き編みで複数のモチーフをつなぐ方法】

1 2枚めのモチーフ(オレンジ)は1枚めのモチーフ(白)に矢印のようにかぎ針を入れて引き抜く。

2 角がつながったところ。続けて編み進む。

3 1枚めと2枚めのモチーフがつながったところ。

4 3枚めのモチーフ(薄紫)は、1枚めと2枚めのモチーフをつないだ引き抜き編みの足2本(オレンジの糸)にかぎ針を入れる。

5 かぎ針に糸をかけて引き抜く。

6 3枚めの角がつながったところ。

7 続けて編み進む。

8 4枚めのモチーフ(黄緑)も、4、5と同様に2枚めの引き抜き編みの足2本にかぎ針を入れて引き抜く。

9 4枚のモチーフがつながったところ。つなぎ目が1か所に集まって安定している。

【中長編み 5 目の変形玉編みの編み方】

1 かぎ針に糸をかけて矢印のように入れる。

2 かぎ針に糸をかけて矢印のように引き出す。

3 未完成の中長編み 1 目が編めた。

4 2、3と同じ要領で、かぎ針に糸をかけて矢印のように入れて引き出し、5目を編む。

5 未完成の中長編み 5 目が編めた。かぎ針に糸をかけ、矢印のように引き抜く。

6 もう一度矢印のようにかぎ針に糸をかけて引き抜く。

7 中長編み 5 目の変形玉編みが編めた。

Staff

デザイン／岡本啓子　風工房　河合真弓　横山純子
製作協力／合田フサ子　栗原由美　佐伯寿賀子　中村千穂子　堀口みゆき
撮影／安田仁志
プロセス撮影／中辻 渉
ブックデザイン／堀江京子(netz)
スタイリング／串尾広枝
ヘアメイク／AKI
モデル／ANNIE
トレース／大楽里美(day studio)　白くま工房
プロセス指導／風工房
編集／佐藤周子(リトルバード)

この本の作品はハマナカ手芸手あみ糸、ハマナカアミアミ手あみ針を使用しています。糸、材料についてのお問い合わせは下記へお願いします。

※材料の表記は2016年9月現在のものです。
※印刷物のため、作品の色は実物と多少異なる場合があります。ご了承下さい。
※本書に掲載されている作品・図版を許可なしに複製する事は禁じられています。

[ハマナカ株式会社]
京都本社
〒616-8585　京都市右京区花園藪ノ下町2番地の3
☎ 075-463-5151（代表）
東京支店
〒103-0007　東京都中央区日本橋浜町1丁目11番10号
☎ 03-3864-5151（代表）
http://www.hamanaka.co.jp　E-mail info@hamanaka.co.jp

衣装協力

岩久　☎ 03-5791-2135
p.1、p.18のスカート、p.66・67のクルーニット（共にトゥレジュール）
p.66・67のパンツ、p.88のシャツ／（共にルミノア）、p.81のシャツ／クレスピ

evaloren　☎ 03-3464-1737
p.45のニット、p.49のカットソー、p.74・75のワンピース

シャンドゥブレ　☎ 03-6421-1303
p.8・9、p.96、p.100のブローチ、p.22・23のブラウス、スカート、p.44のパンツ、
p.59のワンピース、p.62のスカート、ブレス、p.80のカットソー

ハンズ オブ クリエイション／エイチ・プロダクト・デイリーウエア　☎ 03-6427-8867
p.1、p.18のカーディガン、p.29のシャツワンピース、p.44のカーディガン、
p.55のリネンニット、キュロットパンツ、p.62・63のブラウス、
p.80、P81のレギンス、p.100・101のパンツ

フォグリネンワーク　☎ 03-5432-5610
p.29のネックレス、p.76・77のワンピース、p.81のバック

UTUWA　☎ 03-6447-0070

はじめてでもかんたん！ 大人のかぎ針(おとな)(ばりあ)編み

編者／リトルバード
発行者／若松 和紀
発行所／株式会社 西東社
　　〒113-0034　東京都文京区湯島2-3-13
　　電話　03-5800-3120（代）
　　URL：https://www.seitosha.co.jp/

本書の内容の一部あるいは全部を無断でコピー、データファイル化することは、法律で認められた場合をのぞき、著作者及び出版社の権利を侵害することになります。第三者による電子データ化、電子書籍化はいかなる場合も認められておりません。落丁・乱丁本は、小社「営業」宛にご送付ください。送料小社負担にて、お取替えいたします。
ISBN978-4-7916-2524-6